入社3年目までに身につける働き方の基本

共感をベースにスキルを高める
4つの成功法則

石塚洋輔 著

セルバ出版

はじめに

社会の価値観が多様化し、私たちの働き方も多様化しました。いわゆる年功序列や終身雇用といった旧いシステムが崩壊し、政府が推進する「働き方改革」やダイバーシティの概念が浸透した今、私たちは「会社人」から真の意味での「社会人」へと成長を促されているのかもしれません。

働き方が変われば、生き方も大きく変化することになります。つまり、私たちの前には、これまでとは異なる生き方の可能性が開かれているわけです。

その一方で、現代は「ＶＵＣＡ」の時代とも言われます。国政情勢は不透明感を増す一方で、日本の経済はかつての栄光を失って久しく、未来への展望は常に薄曇りのような状況が続いています。

予測が困難な時代においては、かつての正解が大きな意味をなしません。大きな会社や役所に就職すれば将来は安泰、そんな時代ではなくなりました。これからは自らの力で未来を切り開いていく必要に迫られていると言っても過言ではありません。

明らかな正解が見えないとき、私たちは不安に襲われます。

特に、人生経験の少ない若い方にとって、不安は非常に大きなものとなるでしょう。

多くの可能性があるとわかっているからこそ、どれを選んでよいのかがわからなくなってくる。

どこかに正解があるという呪縛から逃れるのは決して簡単なことではなく、自分の力で自分だけの正解を創っていく必要があるという切り替えができていない。

そんな若い方々のために、本書の執筆を決意しました。


具体的には入社3年目、第二新卒に当てはまる方々をイメージしています。

だからといって、そこに含まれない方にも読んでいただける工夫はしたつもりです。

私自身、若い頃には多くの悩みを抱えていました。目の前にある目標をクリアするために必死に毎日を送っていましたが、心の片隅にはいつも不安を抱えていました。

不安を解消するために頑張れば頑張るほど、不安が大きくなっていくのです。

そんな矛盾を実感するようになったのも入社3年目の頃です。

一見すると順調にキャリアを重ねているように映ったかもしれませんが、私も1人の人間です。

みなさんと同じく不安に駆られ、成功したいという思いは常に抱えながら、何をすればよいのかを自問自答する日々を送っていました。

できることならもうくり返したくない。それが偽らざる本音でしょうか。

そんな自問自答の先に現在の私があるわけですが、成功する＝自分自身の正解を創るためには、基本の型とも言うべき行動のパターンが存在することに気がつきました。
突き詰めて言えば、今でもそのパターンは私のコアを形つくっています。
それを本書では、次の4つのステップという形で表現しています。

STEP① 自分のタイプを見極める

STEP② 自分の関心を徹底的に掘り下げる

STEP③ 自分の強みを圧倒的に高める

STEP④ 自分が共感できる仲間を見つける

4つのステップをしっかりと踏んでいくことで、不安を克服できるだけの実力が身につきます。

自分にはどんな仕事が向いているのか。
自分はどんな仕事にもっとも興味を抱くのか。
自分はどんな仕事が得意なのか。
自分はどんな人と一緒に働いているときに幸せを感じるのか。
こうした基本がわかっていれば、迷いは圧倒的に少なくなります。

俯瞰すると、どれも当たり前のように思えるかもしれません。

だとしても、当たり前を当たり前にこなせる人が、世のなかにどれだけいるでしょうか。

知っていることとできることは明らかに異なります。みなさんは知っている人かもしれませんが、本当にできる人になっているでしょうか。

少しでも不安がある場合には、ぜひこの先を読み進めてください。

当たり前の難しさ、しかし、それが当たり前にできるようになったときに得られるものの大きさ。それらをしっかりと実感いただけるはずです。

各章の末尾には、ノート形式でその章の学びを振り返ることができるようにしています。

普段は誰も見ている人がいないと感じるかもしれませんが、実際はみなさん自身がみなさんを見ています。ここもしっかりと活用して、ご自身の学びを深めていってください。

インプットとアウトプットのくり返しは、成長には欠かせない大きな要素の1つです。


私の知人が、プロフェッショナルには2つの種類があるという話をしていました。

1つには、みなさんも想像がつくと思いますが、ある分野で高い専門性を発揮している人です。スポーツやビジネス、アート、芸能、料理。どんな分野であれ、誰もが名前を知っている存在は、明らかなプロフェッショナルと言うことができます。

もう1つは、無名であっても、あるいは、有名なプレイヤーのような評価は受けていなくても、当たり前のことを確実にやり遂げることのできる人です。私たちの社会は、実はこちらのタイプのプロフェッショナルに支えられています。

どちらのプロフェッショナルも、社会に欠くことのできない大切な存在です。

みなさん自身がどんなプロフェッショナルを目指すのか、今それが問われています。


本文にも詳しく記述していますが、私は共感を大切にしています。

本書をお読みいただいたみなさんとの間に、共感の輪が広がっていくことを楽しみにしています。

この先、お互いの人生がどこかで交差することもあるかもしれません。ぜひそうなっていることを期待している自分が確実に存在します。

それはセミナーかもしれませんし、お仕事をご一緒することになるかもしれません。

その際はぜひ、本書をお読みいただいたと教えてください。みなさんからのそんな声が何よりの励みになります。

その瞬間に、今よりも成長した自分でいたいと思って努力を重ねます。

みなさんの今を知ることはできませんが、そのときはどんな成長を遂げたのか教えてください。

そのときが訪れることを願いながら。

２０２３年11月

石塚 洋輔

入社3年目までに身につける働き方の基本　共感をベースにスキルを高める4つの成功法則　目次

第3章　STEP②／自分の関心を徹底的に掘り下げる

第4章　STEP③／自分の強みを圧倒的に高める

第5章　STEP④／自分が共感できる仲間を見つける

第1章　価値観が多様化し、働き方も多様化した

【本章でお伝えしたいこと】

① 時代は確実に変化している。その変化に対応した生き方・働き方を身につければ自分が大切にする価値観に即した生き方・働き方ができる。

② 自由な働き方を支えるのはテクノロジーである。技術に使われる側ではなく、技術を使いこなす側に回ることが必要不可欠である。

③ これからは自己実現という精神的欲求を満たすべき時代である。そのためには他者貢献の意識を根底に持たなければならない。

④ 目的は社会の幸福の総量を増やすこと。幸福を生むのは提供する価値であり、できるだけ多くの価値を生み出すのが共創という考え方である。

1．コロナ禍以降の社会の変化

「当たり前」がなくなる

２０２０年からのコロナ禍で、社会は大きく変化しました。

社会全体のあり方、それに大きな影響を与えている人々の意識、コミュニケーションの方法など、本当に多くの変化を私たちは目の当たりにしてきました。

以前は何も意識することなく仲間たちと大声で会話していたのが、パネル越し、マスク越しでのコミュニケーションに違和感を覚えなくなっていく。マスク着用が自己判断になった後も、多くの人々が依然として、公共の場ではマスクを着用し続けている。そして、それを見ている私たちも、光景の変化に無自覚になっていく。

個々の出来事や判断の是非はさておき、私自身はそのことがとても印象に残っています。

社会の変化を、私たちの身の回りから「当たり前」がなくなったと意味づけることができます。無自覚という言葉は少なからずネガティブに響きますが、当たり前がなくなった現実を違和感なく受け入れている状態とも見て取ることができます。ここでいう当たり前とは、多くの人々が共通に抱いている価値観という意味でご理解ください。

コロナ禍以前の私たちは、非常に大きな当たり前を判断の前提としていました。

そして何かがそんな当たり前から少しでもズレていると、違いをポジティブに受け止めるよりも批判や非難の言葉を向けるケースが多かったように思います。ちなみに、詳しくは触れませんが、批判と非難との間にはものすごく大きな距離があります。

もちろん今でも、SNSでの炎上など、違いを許容できない人は少なからずいます。

しかしながら、そうした非寛容な態度に違和感を覚える人の数は、コロナ禍以前に比べてとても増えたと実感しています。大きな当たり前は減っていき、代わりに小さな当たり前が増えていく。それを多様性という言葉で表現することも可能です。

多様性を大切にする

その意味で私たちは、多様性の時代を生きているといって差し支えありません。

多くの人々が、それぞれに異なる価値観を持って生きている社会。多様性とはそのような社会の現実そのものと見て取ることができます。

グローバル社会、多文化共生、様々な言葉が世のなかを飛び交っています。

言葉の表面的な部分に囚われるのは危険であり、それぞれに共通する本質をしっかりと見据えて、理解を深めていく必要があると私は考えています。本質とは多様性という現実であり、しっかりと多様性を尊重しながら生きていくべきという時代の要請の根底にあるものです。

太古の昔から、私たちは多様性という現実のなかを生きてきたはずです。

個体としてではなく群れとして、集団として生きることを決めたその瞬間から、本質を踏まえてお互いを思いやり、社会を形成してきました。

だからこそ、人間は今のような社会を構築できたわけです。

とはいえ、近代化が進み経済的にも余裕が生まれてきたなかで手に入れるものも、食べるものもほとんど同じ、という状況が生まれました。その過程のなかで、私たちは多様性という大切な本質をどこかに置き去りにしてしまった感が否めません。

時代の激しい変化のなかで、今こそもう1度、大切な本質を取り戻すべき。

もしかしたらコロナ禍とは、そのような気づきを与えてくれる機会だったのかもしれません。

多くの方がコロナ禍で亡くなり、こうした言葉を不謹慎と捉える方も少なくないかもしれません。しかし、だからこそ、私たちはそこからポジティブな何かを引き出すべきなのではないでしょうか。たくさんの苦しい、悲しい体験を、次の幸福へと繋げていくべきなのではないでしょうか。

働き方の多様化

価値観の多様化は、当然のことながら、働き方の多様化を引き起こしました。

特にコロナ禍においては、「接触しない」という物理的な制約によってリモートワークが進展し、「必ず会社に行く」ということが当たり前ではなくなりました。家にいながらでも、期待に応える働き方ができるという新しい現実を、多くの人々が理解するようになったわけです。

もちろん、それまでにも一部では導入されていましたし、欧米に比べれば遅すぎるなどといった見方もあります。OECDの調査によれば、日本のICT教育の浸透レベルは、加盟国のなかでも最下位のレベルにあることがわかりました。現実は課題に溢れています。

それでも、以前に比べて大きく前進していることは事実です。少なくとも私は、こうした変化をポジティブに受け止めたいと思っています。

リモートワークの進展は、単に企業のなかだけにとどまりません。

オフィスで決まった時間に働くという大きな当たり前がなくなったことで、時間や場所、方法を選ばない働き方が可能になりました。自宅だけではなく、ネット環境さえ整っていれば、カフェや公園、自宅から遠く離れた滞在先でも仕事ができます。

さらに、企業などの組織に所属して働くのではなく、起業やフリーランスといった働き方にも、多様性が生まれることになりました。働く人や環境を自分で選ぶことができる。価値観の合わない人たちと机を並べて無理に働き続けるのではなく、価値観を共にする仲間とのコミュニティーのなかで社会に必要とされる形での貢献を果たしていく。ライフスタイルとワークスタイルの近接といった可能性が開けてきたといっても過言ではありません。

働き方の変化に伴う意識の変化

こうした働き方の変化によって、私たちの意識にもさらなる変化が生まれます。

より正確には、さらなる意識の変化が求められるようになった、と言うべきかもしれません。何より大切なのは、「自分自身の軸をしっかりと持つ」という覚悟です。多様化が進んだ現代は、様々な可能性に溢れています。多くの可能性に満ちています。目的と実力があれば、自分の趣味や憧れを仕事に変えることもできます。副業の場合にはさらにチャンスが広がります。

ですが、目的が曖昧なままであれば、どれだけ実力があったとしても上手くいきません。「何をやりたいのか」を考えることはもちろん重要です。

しかし、それ以上に、「なぜやりたいのか」を考えることのほうがさらに重要なのです。「なぜ」に対する答えは、その人の本質的な部分に大きく関わっています。その人が大切にする価値観と深く結びついています。表面的なテクニックとスキルの違いのように、その人の人間性が深く投影されているのが、その仕事を行う理由＝目的だと私は考えています。

その意味で、多様性の時代に必要なのは人間のヒューマンな部分です。

マニュアルに書かれた知識やテクニックは誰でも使うことが可能です。言い換えれば、それらを「どのように」使うかだけが問題となるわけです。そこに「なぜ」は必ずしも必要ありません。「なぜ」に対する答えは、ヒューマンな部分の質によって大きく違ってきます。

だからこそ私たちには、自分の人間性を常に磨き続けること。内面の部分での力を高めること。それらが強く求められているのだと考えるべきです。

これは非常に重要な点ですので、ぜひここでしっかりと心に留めておいてください。

2．自由な働き方を支えるテクノロジーの進化

超情報化社会の到来

少し前までは、高度情報化社会という言葉がまだ通用していたように思います。しかし今や、「高度」というレベルをはるかに超え、「超」情報化社会と呼ぶべき社会が実際に訪れています。世のなかではマイナンバーカードをはじめ技術の浸透を拒否する声も多く聞こえます。たしかに、インターネットどころか携帯電話もなかった時代を長く生き抜いてきた高齢の世代には、厳しい変化であることは確かでしょう。

ですが、超情報化への抵抗は、当たり前がもたらす悪しき側面の1つです。1つの当たり前のなかで過ごす時間が長ければ長いほど、弊害もまた大きくなっていきます。また別の新たな当たり前に移行できないという弊害です。

それが高齢世代を超情報化社会から遠ざける大きな理由にもなっています。

AI、IoT、5G、さらにはChatGPT。

一体何を言っているのかと感じる方が高齢世代ではほとんどでしょう。

しかし、理屈や仕組みさえわかってしまえば、どれをとっても理解が難しいものではありません。開発するレベルでの理解を求められれば、私でも頭が真っ白になります。そして言うまでもなく、

そこまでの知識レベルは必要とされていません。人工知能はスターウォーズ、IoTは太陽光発電、5Gはスマホ、その程度の理解でも十分なわけです。

大切なのは、それらが何であるかを理解していることではなく、それらを使って何ができるか、何をすべきかがわかっていること。日常生活の便利さを実現しているのが、今ここに挙げたようなテクノロジーの進化であると知っていることの2点です。

「仕組みがわからないから怖い」のではなく、堂々と仕組みを利用して、毎日の生活を便利かつ快適なものに変えていく、そんな意識の転換が必要とされているのです。

技術をいかに使いこなすか

今、高齢世代は超情報化社会をキャッチアップし切れていない、と書きました。

ここであなたに3つ質問です。

あなたはすでに、超情報化社会をしっかりとキャッチアップしていますか。

できていないとしたら、その理由は何ですか。

これからキャッチアップするために、具体的に何をしていくつもりですか。

答えがすぐに思い浮かんだ人、すでにキャッチアップできていると感じている人、すぐには答えが思い浮かばないとやや俯き加減になった人、色々なパターンがあると思います。

そこでさらに4つ目の質問をします。

あなたは超情報化社会の果実であるテクノロジーの進展を、これから重要性を増していく自由な働き方としっかり結びつけることができていますか。

この質問に自信を持って「ＹＥＳ」と答えられる人は、本書を読む必要はないかもしれません。仮に多くの方が「ＮＯ」と答えざるを得ない場合には、ぜひともこの先を読み進めて、あなたの答えをぜひとも「ＹＥＳ」に近づけていってください。

高齢世代以上に、あなたに求められているのはテクノロジーの活用です。

新たな技術の成果をしっかりと使いこなし、自分という人間の力を高めること、自分の働き方を今よりも少しでもよいものに変えていくこと、そのための努力を積み重ねていく姿勢。

それらすべてが、これからの時代を生き抜く人々に求められているのです。

意識を変える必要があるのは何も、高齢世代に限ったことではありません。むしろ若いからこそ、もっと自覚的に技術の進歩と向き合っていく必要があるのではないでしょうか。

技術は可能性を広げる

このような話をすると、「別に今のままでも不便はない」と答える人が一定数います。

ですが、ビジネスにおいて現状維持は常に衰退を意味しています。

言うまでもなく、時代はどんどん進化しますので、自分もそれに合わせて進化していかなければ、時代遅れになってしまうのも仕方ありません。

自ら積極的にテクノロジーの進化を取り入れていく。

それが自らの可能性を広げる機会となり、実際に活躍ないしは活動の幅も広がっていく。

無論、起業してすぐに仕事がたくさん入ってくる、などといったことは起こりません。それでも常に自分を磨きながら、自らが所属するコミュニティーのメンバーと交流を深め、教えを請いながら、少しずつ認知度を高めていきます。貪欲に取り組んでいる姿勢が伝われば、そこに共感してくれるメンバーが現れ、あなたを仕事の仲間として認知してくれることでしょう。

ここで以前、私が主催する起業の講座に参加した、ある方のエピソードを1つ紹介します。

その方は、どんなアドバイスに対しても、私からだけではなくメンバーからの意見に対しても、「自分にはできない」「そこまではやれない」という言葉をくり返しました。

その時点でのその方には、本当にできなかったのかもしれません。

その意味では、「できない」という反応まではギリギリセーフだったかもしれません。

それでも、「できない」の後には、「でも、頑張る」「全力で努力する」という言葉が欲しかったと私は今でも思っています。自分の可能性を広げるために、お金を払って講座に参加しているのに、自らその可能性を閉ざすような発言をくり返してしまう。

かなり厳しい言い方にはなってしまいますが、意味がわからないというのが本音です。

実際のところ、同じ講座に参加していた他のメンバーもポジティブな印象を抱くことはできず、その方が引き続きコミュニティーに参加することはありませんでした。

テクノロジーを使うのはどこまでも人間

先ほどのケースは、今から思い起こしても非常に残念な事例です。

だからこそあなたには、いつもポジティブな気持ちで、自分の可能性を広げるというマインドを持ち続けて、すべてを自分事として捉えていただきたいと思っています。

そこで重要になってくるのが、テクノロジーを活用するのはどこまでいっても人間であるという認識です。どんなにＡＩが進化しても、ＣｈａｔＧＰＴの文章のレベルの高さに驚いたとしても、私たちがＡＩやＣｈａｔＧＰＴに使われるのではなく、むしろしっかりと使いこなしていくことを常に意識しなければなりません。人間がテクノロジーに使われ、征服されるというのは、あくまで物語のなかに閉じ込めておかなければならない事態です。

若い方々とお話をしていると、ＡＩ全盛の未来に不安を抱く方が多いと実感します。

今の人間の仕事の大部分はＡＩに取って代わられる。そんなステレオタイプの脅し文句に何度も晒されているうちに、自分の未来に暗雲が立ち込めていると感じ始める。それは明らかに、私たち大人の責任なのですが、こうした誤解は正しておかなければなりません。

取って代わられる仕事がたくさんあることは事実です。

しかし、その分だけ、テクノロジーを使いこなすための新たな仕事も生まれます。ＡＩにずっと使われ続ける人たちが出てくる分、使う側に回る人たちも必ず存在します。

問題はいかにして常に使う側にとどまり続けるかだと私は考えています。

進化の時代においては真価が問われる

その意味で、進化し続けるテクノロジーの活用に際しては、私たちの真価が問われているのだと言っても決して過言ではありません。

真価という言葉がわかりにくければ、底力という表現が適切かもしれません。底力をしっかりと示していくためには、「何のためにそれを使っているのか」という目的意識が、やはり大切になってくると私は考えています。自由な働き方が可能な時代。それをかなりの部分で支えているのがテクノロジーです。

誰かが何かを実現しようと思えば、それを可能にしてくれるツールが当たり前のように存在する世のなかになりました。本人のなかに確かな目的意識が存在し、夢を実現したいという強い意志があり、その夢の実現を支える技術が存在する。言い換えれば、自分のなかに確かな軸が存在してさえいれば、夢が実現する確率は以前に比べて格段に高くなったと言えます。

だからこそ、その人の真価が問われるということなのだとご理解ください。

ただ、補足として、一点だけ覚えておいていただきたいことがあります。

あなたが夢を実現しやすくなったということは、あなた以外の誰かも同様に、夢を実現しやすい時代になったということです。こうした参入障壁の低さは、ともすると忘れられがちな点ですので、注意する必要があります。上を見るのと同時に、足元にもしっかりと目を向ける。そんなバランス感覚を常にキープしていただく必要があると考えています。

3．物質的な欲求から自己実現欲求へ

「風の時代」をいかに生きるか

２０２０年12月、西洋占星術の世界では、２００年に１度の変化が起こりました。

ご存じの方も多いとは思いますが、「土の時代」と呼ばれた２００年が終わりを告げ、新たに「風の時代」を迎えることになりました。

「土の時代」が象徴していた価値は物質的なものであり、安定した収入、組織への所属、そこでの出世、多くを所有すること、性別や国籍といった区別を明確に定めること、固定した概念や常識、自分で勝ち取ることなどが重要であるとされてきました。

働き方についていうと、できるだけ大きな組織に所属し、何よりも縦の関係を重視し、そのなかでできるだけ上の地位を目指すことに価値があるとされていました。

したがって、働く喜びはあくまでも、個人のなかにとどまっていました。

他方、「風の時代」においては、情報や人脈などの繋がり、個としての活動、仲間や友人等と協力しシェアすること、ジェンダーレスやボーダレス、フレキシブルな思考、斬新なアイデア、助け合いといった精神的・非物質的なものに価値が置かれます。

非物質的、精神的なものを「風の時代」は重視します。

目標設定
1年後
3年後
5
10
20
叶う
RAS

フリーランスや起業、副業といったこれまでにない働き方が出てくるのも、ある意味では時代の必然と考えることができます。同じコミュニティーに所属するメンバー間の横の繋がりが何よりも重視され、地位や組織の大きさはほとんど問題になりません。

働くよろこびは必然的に、個人を超えシェアされていくことになります。

こうした時代の変化に即した生き方・働き方を、私たちは考えていかなければなりません。

その大きなヒントになるのが、後述する「共創」という観点です。

マズローの欲求5段階説

共創について詳しく見ていく前に、マズローの欲求5段階説と呼ばれる考え方を見ていきます。

すでにご存知の方も多いと思いますが、大事な観点ですので改めて説明させていただきます。

マズローの欲求5段階説とは、アメリカの心理学者であるアブラハム・マズローが1954年に著書『人間性の心理学』のなかで提唱した心理学上の概念です。人間が持つ欲求を5段階に分類しています。

マズローが分類した5つの欲求は、生存に必要なものから順番に、①生理的欲求、②安全欲求、③社会的欲求、④承認欲求、⑤自己実現欲求と表現されます。

数字が小さいほど、生きるために必要という側面が強くなり、数字が大きくなれば、その分だけ高度な精神性が強調されることになります。もう少し詳しく見ていきましょう。

【マズローの欲求５段階説】

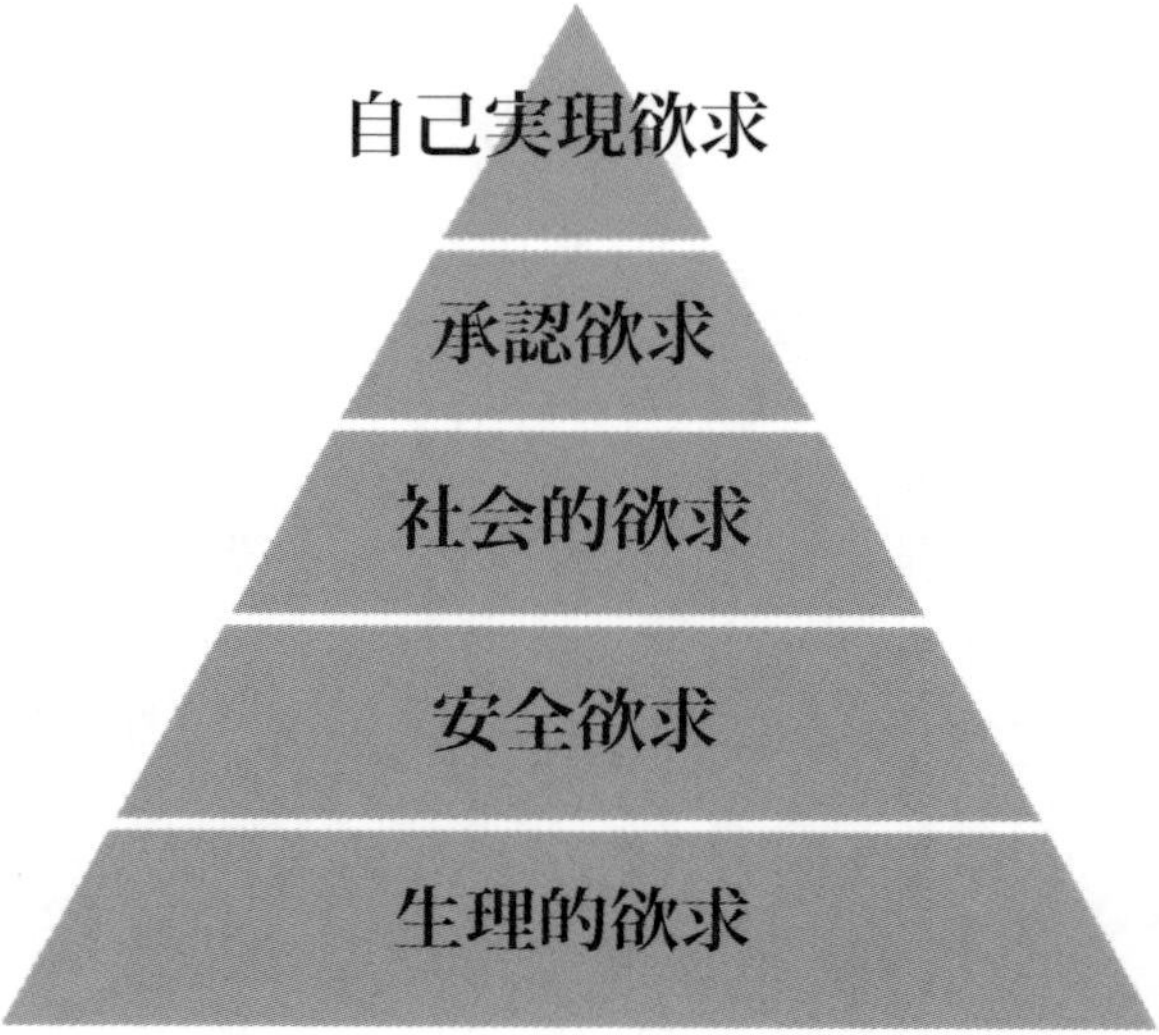

低次の欲求が満たされることによって、より高次な欲求に対するニーズが生まれてくる。

自己実現欲求のさらに上位に「自己超越欲求」を設定し、６段階とする説があることを付記しておく。

①　**生理的欲求**

生きていくために必要となる基本的・本能的な欲求を指します。一般に「本能」とも呼ばれる食欲、睡眠欲、排泄欲などがこれに該当します。人間でいえば赤ちゃんの段階です。

②　**安全欲求**

心身両面で安全に暮らしたいという欲求です。健康と経済面の両方が安定していれば、生活の心配はなくなります。赤ちゃんが幼児へと成長するにつれ、この欲求が前面に出てきます。

③　**社会的欲求**

家族や友人、同僚などから受け入れられたいという欲求です。集団への帰属や他者からの愛情を求めることから、帰属欲求と呼ばれる場合もあります。人は孤独に耐えられず、所属によって得られる安心感が必要不可欠ということです、

④　**承認欲求**

他者からの受容を超えて、承認や尊敬を求める欲求です。組織であ働く場合であれば出世や昇給を求める気持ちがこれに該当します。③までの外的欲求を超えて、心の内面を満たしたいと考えます。モチベーションや成長の源泉ともいえます。

⑤　**自己実現欲求**

自らの価値観にもとづき、「あるべき自分」を目指す最高次の欲求です。これを満たすためには①～④をすべて満たす必要があると考えられています。

目指すべきは自己実現欲求

28頁のマズローの欲求5段解説の表ならびに個々の欲求の解説からもわかるように、風の時代を生きる私たちが目指すべきは明らかに、もっとも高次の自己実現欲求です。

あなたが大切にしている価値観に従って生きること。

その価値観に基づく働き方を実現できること。

そしてそれが、精神面だけではなく物質的な利益をもたらすこと。

誤解のないように補足しておくと、精神性を大切にする＝物質的な利益を否定するという構図は完全に誤りです。生活できなければ仕事は続けられません。仕事を続けるためにはお金が必要です。

だからお金を稼ぐことはまったく悪ではありません。

問題なのは、お金に代表される物質的な価値「だけ」を追求する姿勢です。

自己実現に代表される精神的な価値を追求すること。それが目的であるとするならば、収入とは手段に位置づけられます。目的を見誤っていなければ、利益を追求することはむしろ不可欠です。

しかし、失敗する人の多くはお金を目的に置いてしまいます。地の時代はそれでよかったとして、これからは時代がそんな手段と目的の転倒を許さなくなるでしょう。

言い換えれば、何のためにお金を稼ぐのか、ということです。

あなただけのため、自分だけがよくなるため、そのために利益を生み出すのか。

それとも、より多くの人がよくなるためにお金を稼ぐのか。そこが今、問われています。

他者貢献の意識を持つこと

自分だけではなく、コミュニティーの仲間たちもまた自己実現ができること。お互いの間に共感が存在するからこそ可能になることではありますが、その前提として、他者に貢献したいという気持ちが必要なことは明らかです。

昨今ではＳＤＧｓに関心を持つ方が増えてきていますが、こうしたコミュニティーをも超えて広く社会に貢献したいと願う気持ちがとても大切であり、しかもそれは相手にとって重要なだけでなく、あなた自身の人生の幸福度も高めてくれると私は信じています。

そもそもビジネスとは、働くこととは他者への価値提供に他ならず、だからこそベースには常に他者貢献の意識が必要なわけです。

あなたが手にするお金は誰が託してくれたものなのか。

そして、そのお金をあなたは何のために使っていくのか。

あなたがよい生活をしたいと願う気持ちを、否定するつもりはまったくありません。

それでも、あなたの「よい生活」が、物質面だけではなく精神的にもよいものであってほしいと思っています。自分だけでなく相手の幸せも願うからこそ、あなたの周りにはよい仲間がたくさん集まってくるわけです。

だからこそ、「偽物」は見抜かれやすい。特に言行不一致の人ははすぐに見透かされてしまいます。

そうならないよう常に意識を高く持ち続けたいと、自戒の念を込めてお伝えします。

4.「競争」から「共創」へ

競争の先にあるもの

ここから風の時代の価値観の中心ともいえる共創について詳しく見ていきます。

その前に地の時代を象徴していた競争について見ておくことは、これからの内容の理解にとって非常に意義があると考えています。

競争とは文字通り、自分以外の誰かと競い、争うこと。

目の前にある果実をどちらが手にするのか。

1人がすべてを手にするのは難しくても、できるだけ多くの手にしたいと思って戦うこと。

もちろん、「切磋琢磨」という言葉が象徴するように、ライバルとの競争によって自分が磨かれ、レベルアップするケースもあるでしょう。それも成長の1つの形です。競争にもポジティブな面があることまでを否定するつもりはありません。

しかし、競争とはあくまでも戦いです。そして戦いとは勝ち負けを決めるものです。

戦いの先には必ず勝者と敗者が存在します。ラグビーはゲーム終了後にノーサイドを主張します。それでも勝者と敗者がなくなるわけではありません。サッカーもそうですが、引き分けがあるのはあくまでリーグ戦や親善試合などの場合のみです。

言うまでもなく、ビジネスに親善試合は存在しません。

競争はできるだけ多くを勝ち取ろうとします。必要な分だけを取って、残りは次に残すといった発想はありません。取れるうちに取れるだけ取っておく。後のことは後になってから考えればよい。

あるいは、つくれる分だけつくって売ってしまう。残ったものは売れないから捨てればよい。

勝敗を決めるという発想以上に、こうした考え方が危険だと私は思っています。

乱獲による種の絶滅、森林などの環境破壊。

現在の私たちに突きつけられている社会問題はすべて競争の先に辿り着いた悲しいゴールです。

とはいえ、ここで終わるわけにはいきません。だからこそ社会を持続可能なものへと変えていく。

先ほど取り上げたＳＤＧｓはまさに、そのために設けられた新たなゴールです。

共創の先にあるもの

持続可能な社会を実現するために必要な価値観とは何か。

もちろん、この問いには色々な答えが存在することでしょう。そのどれもが１つの正解であり、どれかを否定するという態度は決してあってはならないものです。

私は思う１つの答えが共創です。

勝者／敗者という概念を超えて、できるだけ多くの人が互いの価値観を尊重し合い、協力して、できるだけ大きな果実を生み出し、シェアすること。

それが共創の意味であると私自身は理解しています。

他者に打ち克つのではなく仲間として共に価値を創造していくこと。価値とは幸福という言葉に置き換えることができます。世のなかに幸福をできるだけ増やしていくこと。あなたの人生の幸福と他の誰かの人生の幸福とをしっかりと両立すること。

社会の幸福の総量は、多いに越したことはありません。

だからこそ、共創の輪に加わる仲間をできるだけ増やすことが大切になってきます。

そう考えたとき、大企業のような大きな組織の方が輪を広げやすいのではないかという意見も、もしかしたら少なくないかもしれません。

しかし、現在の企業は基本的に競争を前提としています。

同期として同じ年に入社しても役職や収入には必然的に差が生まれてしまいます。社長のイスは1つしかありませんから、当然といえば当然です。

競争があるから成長する。そのような主張は当然に出てくるでしょう。

しかし、競争を前提とする以上、あなたの幸せと同僚の幸せが持続的に両立する可能性は非常に低いと言わざるを得ません。ここで「非常に低い」という言い方をしたのは、「絶対にない」ことを理論的に証明することは不可能だからです。

しかし、共創を価値の源泉に置いている場合、幸福の両立は十分に可能です。

その理由について、さらに詳しく見ていくことにしましょう。

強みと強みを結びつける

どうしたら共創を実現することができるのか。

ここまで読み進めたあなたには、そんな疑問が思い浮かんでいるかもしれません。

そんな疑問に対する私なりの答えが、自分の強みと誰かの強みを結びつける、という発想です。

競争が支配する環境のなかでは異なる強み同士は常にぶつかり合い、どちらか一方だけが生き残る。複数の強みが同じゴールを目指すという光景はほとんど目にすることができません。

これは「オール5」優先の発想とも似ていると感じています。

社会には今もなおジェネラリスト志向が根強く残っており、1つに秀でている人よりもすべてをソツなくこなせる人材のほうが重宝されます。だからこそ、それぞれの強みを結びつけるなどという発想には至らないわけです。

しかし、オール5の人が集まる組織はオール5以上にはなりません。

他方、それぞれに異なる、5を超える強みを持った人が集まる組織は、組合せの仕方によっては5以上の力を発揮することができます。

言い換えれば、社会に提供できる価値=幸福の総量を増やすことができます。

もちろん、最適な組み合わせを考えることは簡単ではありません。また、5を超えるレベルでの強みを身につけるのは、もっと難しいことだと考えるべきでしょう。

それでも、共創の実現にはこうした困難を乗り越えていかなければなりません。

困難を乗り越え共創を実現するために

仲間と一緒に努力を重ねることで、自分の力を超えた何かに出会うことがある。私はこれまでの経験を通じて、そのことを学んできました。

自分だけでは思いつかなかった発想、自分には見えなかった角度からの視点、自分には決定的に欠けている経験、それらを持っている他者は間違いなく存在します。

そんな誰かを仲間になることができるかどうか。

共創の困難を克服できるかどうかは、ほとんどここにかかっているといって過言ではありません。あなたが仲間として認めてもらうためには、あなた自身の意識とスキルを高めておく必要があり、所属するコミュニティーの質はそのまま、その先の成長に大きく影響します。

その意味で、共創の質はコミュニティーの質に深く関わっていると言うべきかもしれません。

そうなれば、どのようなコミュニティーに所属するかがとても重要になってきます。さらに言えば、あなたは選ばれる立場であると同時に選ぶ立場でもあります。どんな仲間を選ぶのか、誰と一緒に価値を創っていくのか。その観点を常に忘れないでください。

ここまで、これからを生き抜く働き方の前提となるべき考え方について見てきました。

実践的なスキルを身につけるために必要な基礎、土壌の部分だとご理解ください。人間もまた、土壌が豊かでなければ、自らが望んだ果実を実らせることができません。

その点をぜひしっかりと腹落ちさせていただきたいと思っています。

5．新たな働き方のための4つのSTEP

自由とは自分で決めること

詳しくは次章以降で見ていくことにしますが、ここであなたに身につけてほしい実践的スキルのエッセンスをお伝えしたいと思います。必要なスキルは4つあり、順番を意識して実践することが大切です。その意味で「STEP」という言葉を使っています。

スキルの概要を確認していただく前に、もう1つだけ強調しておきたいことがあります。

それは「自由」という言葉の意味を理解すること。そしてその意味とは、「自分で決めること」に他ならないと理解すること。

くり返しになりますが、本書の目的は、価値観が多様化する時代のなかで、あなた自身の価値観に合った働き方を実現するためのスキルを身につけていただくことです。そのベースに共感や共創の精神が必要である点はすでにお伝えしてきました。

言うまでもなく、自分の価値観に合った働き方を決めるのはあなた自身です。

だからこそ私は、「自由な働き方」という表現をあえて使ってきました。

これは忘れられがちな点ですが、自由には常に責任が伴います。自分に対する責任だけでなく、自分を取り巻くすべての他者への責任もそこには含まれています。

自由とは好き勝手をすることではありません。お客様や共に働く仲間、家族、友人などに対して価値を提供し続け、共に成長していくことができる。そんな前提があるからこそ、「自分の好きに」決めることが許されるわけです。

共感がなければ価値を提供することなどできません。

その意味で、これからあなたが学んでいく4つのスキルはその根底に共感を必要としています。共感や共創の精神を忘れたまま表面をなぞっても、あなた自身の力を高める結果にはならない点を十分にご理解いただいたうえで、先に進んでください。

STEP①／自分のタイプを見極める

4つのスキルの最初、1つ目のSTEPは「自分のタイプを見極める」です。

私がこれまで出会ってきた多くの方々のなかには、残念なことですが、ミスマッチを起こしているケースが少なくありませんでした。ここでいうミスマッチとは、その人の性格、得意／不得意と、その人がやろうとしている仕事、働き方とがマッチしていないという意味です。

強みを生かした仕事ではなく、むしろ弱みの方向へと進もうとしている。

たしかに、向かった先にある仕事は、その人の「好きな」仕事であることは事実です。

しかしながら、「好きな」仕事が常に「得意な」仕事であるとは限りません。まったく逆の場合もたくさん見てきました。ここに気づかないと、その先に待っているのは悲劇に近い状況です。

生まれた日でも何でも結構ですので、自分のタイプを確認してください。

何も占いを信じろといっているわけではありませんし、運命は決まっているわけではありません。自分の意志で未来を変えていくことは十分に可能です。

それでも、長きに渡って蓄積された統計学の知識を無視する必要はありません。大まかで結構ですので、自分がどういうタイプに分類されるのかを知っておくこと。そのうえで、自身のタイプに即した強みを身につけていくこと。そうすれば、仲間のタイプにも意識が向かい、異なる強みの組合せを意識することもできるようになります。

もちろん、仲間とのコミュニケーションも円滑に進むことは言うまでもありません。

STEP②／自分の関心を徹底的に掘り下げる

次に大切なのが、「自分の関心を徹底的に掘り下げる」という作業です。

先ほどもお伝えしたように、好きと得意は必ずしも一致しません。

少しだけ言い方を変えるならば、あなたにとっての「やりたいこと」も大切ではあるのですが、それと同じくらい、いや、むしろそれ以上に、あなたが「できること」を大事にしてほしいのです。

自分自身のタイプを理解することによって、「できること」の解像度は確実に高まります。

それまで「何となく得意かも……」くらいに思っていたことが、自分のようなタイプがもっとも得意とするスキルの1つだった。そんなケースは決して珍しくありません。

もっと言えば、自分のタイプを知ることによって、「だから私はこれで上手くいってきたんだ」と腑に落ちるケースも、当然のように出てくるだろうと私は思っています。私自身も以前、ある人に私のタイプを教えてもらったことがありますが、妙に納得したことを覚えています。

そうなれば、あなた自身の世界はさらに広がることになります。

そのうえで、「やりたいこと」と「できること」の２軸で関心を掘り下げていくことが大切です。両者の重なり合う場所にはきっと、あなた自身の発揮すべき強みがあるはずです。

その意味では、「自分の関心」よりもまず、「自分への関心」を持つことが大切であるというほうが適切なのかもしれません。ストイックな人ほど、自分への関心を忘れてしまいがちです。しかし、自分への関心を甘えや自己満足のような形でネガティブに捉える必要はありません。

どちらの関心も、あなたの成長にとっては重要な要素です。

なぜならば、あなたがより大きな強みを発揮することによって、あなた以外の誰かのところにもより大きな価値が届くことになるからです。

ＳＴＥＰ③／自分の強みを圧倒的に高める

あなた自身の強みを発揮すべき場所。

その場所を見つけることができたなら、「自分の強みを圧倒的に高める」という第三のＳＴＥＰに移行します。端的に言えば、徹底的に自分を鍛えるということです。

徹底的に鍛えるうえで大切なのは、長期的な視野と短期的視点の両方を持つことです。長期的な視野に立って、自分に必要とされるスキルを身につけるための計画をしっかり立てる。そして、日々の仕事や学習を通して、確実に計画を実行に移す。日々の成長は実感できなくても、決して諦めることなく続けることが重要です。「1万時間の法則」という言葉があるように、何事も一定の時間をかけて努力を積み重ねなければ結果を出すことは難しいからです。

今のあなたに何ができるかを、タイムリーに把握することは大切です。

しかし、それだけでは「今できていない」ことだけに目が向き、心が折れてしまいかねません。「成長曲線」という言葉はあなたも耳にしたことがあると思いますが、人の成長は直線ではなく、ある瞬間に突然、右肩上がりの急カーブを描きます。そのことをぜひ忘れないでください。

にもかかわらず、中途半端に諦めてしまう人が少なくありません。

そうした人にはある種の共通点があり、私はそれを「他責思考」と呼んでいます。続かないのは自分ではなく他人のせいだという考え方です。子どもの「できない」は往々にして「やらない」と同じですが、大人になってもそこから抜け出せないとすれば、非常に残念なことだと思います。

悩みや辛さを解消するには長く続ける以外にない。これが鉄則であると理解しましょう。

STEP④／自分が共感できる仲間を見つける

あなた自身の強みが望んだレベルに達すれば、いよいよ仲間との協働に移ります。

仲間との協働とは、異なる強みの組合せであり、世のなかに提供する価値を最大化する場所です。より大きな価値を共創するためには、仲間の存在が重要になってきます。そして、その仲間とは、お互いが大切にしている価値観を尊重し合える＝共感できる存在でなければなりません。

お金や打算で結びついた仲間はすぐに離れていきます。

文字通り、「金の切れ目が縁の切れ目」です。私も何度かそんな痛い経験をしました。ですから、あなたには、できるだけそのリスクからは遠ざかってほしいと思っています。

共感できる仲間がいるメリットにはさらに大きなものがあります。

仲間の存在によって、あなた自身の努力にさらにエンジンがかかります。共感レベルが高いほど自分に対して課す強制力は高くなります。

特に、メンターなどモデリングできる存在は非常に重要です。

あなた自身の理想を体現している人と出会うことができれば、これから何をすればよいかが極めてクリアに浮かび上がってきます。まずはあなた自身のメンターを見つけていきましょう。そして、謙虚に教えを乞うことです。

メンターのもとで実績や経験を重ねれば、信頼が増えていきます。

そして信頼が増えれば、仕事の依頼や人脈の派生など、さらに大きなメリットが生まれます。

これら４つのスキルをあなた自身のものにするために、次章から順に、個々のＳＴＥＰの詳細をしっかり見ていきましょう。

【本章のまとめ】

☑ 人々の価値観は多様化し、コロナ禍以降は特に、働き方など社会の価値観も大きく変化した。
自分に価値観に応じた自由な働き方ができる素地は確実に整っている。

☑ テクノロジーの飛躍的な進化が、自由な働き方の可能性を大きく広げた。進化と向き合い、テクノロジーを使いこなせるだけの力をしっかりと身につけなければならない。

☑ お金に代表される物質的な価値「だけ」を追求する時代は、風の時代の到来と共に終わった。
これからは自己実現などの精神的な価値を重視し、取り組んでいく必要がある。

☑ そのためには他者貢献の意識をしっかりと持ち、仲間と共にできるだけ多くの価値の創造を目指す。良質なコミュニティーを見つけ出し、所属することが重要になってくる。そのうえで、4つのSTEPをしっかりと実践し、自分の自由な働き方を実現していく。

第2章

STEP①／自分のタイプを見極める

【本章でお伝えしたいこと】

① タイプは人によって異なり、仕事の生産性と深く関わっている。自分のタイプを見極めることが、仕事での成功の第一歩となる。

② タイプは意欲と深く結びついており、自分の意欲が高まった瞬間がわかれば、自分のタイプを理解できる可能性が高まる。

③ 意欲の高まった瞬間を知るには、仕事の種類やシチュエーション、働く場所、仕事上の立場という3つの観点から過去の自分を深掘りする必要がある。

④ 意欲という観点を通して見えてくるあなたのタイプとは、あなたという人間の本質そのものである。自分を知ることが成功の最大のカギと言える。

１．タイプは生産性と深く関わっている

生産性を高める目的

さて、ここからは、４つのＳＴＥＰの内容を詳しく見ていきます。

まずは自分のタイプをいかに見極めるかという点ですが、結論から先にお伝えすると、私たちがそれぞれに持つタイプは、仕事の適性はもちろんのこと、生産性とも深く関わっています。

生産性とは、仕事の効率そのものです。

同じアウトプットを出すのなら、それにかかる時間が短いほうが圧倒的に多くの人が助かります。

もちろん、あなた自身の時間をさらに他のことに使うことができるので、あなたにとっても大きなプラスになることは間違いありません。

余談になりますが、生産性を高める＝使える時間が増えることの目的を誤って理解している人が少なくありません。

楽をしたい。自分の趣味や遊びに使いたい。

たしかに、人生にはメリハリも大切ですから、オンとオフをしっかりと切り替え、休息を取り、またはリフレッシュするための時間も必要になってきます。

しかし、それがゴールというのではあまりにもったいないと私は思います。

生産性を高めることによって増えた時間は、さらなる価値提供のために使う。

他の仕事に費やす場合もあるでしょうし、少し仕事から離れる時間も必要ということであれば、本を読んだり、セミナーに参加したりなど、自己研鑽に充てることも効果的です。そのようにして自分を高めることによって、あなたの仕事の質が高まり、その結果、周囲に提供できる価値の質もまた向上するからです。

向いていることに費やす時間は短い

好きか嫌いかはさておき、自分が得意にしていることは早く終わる。

そんな実感を抱いている方は非常に多いと思います。

例えば、Excelを使うのが苦手な人と得意な人では、同じ表計算をするのでも資料をつくるのでも、かかる時間が圧倒的に違うはずです。あるいは、日常生活においても、料理が得意な人は、比較的簡単に美味しい食事をつくることができるでしょうし、掃除が得意な人であれば、テキパキと室内をあっという間にきれいにすることができるはずです。

だからといって、Excelが好きであるとは限りません。料理は仕方なくやっているし、掃除だってできれば誰かに代わってほしい。そのようなケースも少なくないと私は思います。

それでも時間をかけずに終えられるのは得意だからです。そうした作業に向いているからです。だからこそ要領よく進められるのです。

どんな仕事や作業が向いているかは、あなたのタイプによって異なります。

文章を書くのが得意なタイプ、身体を使って表現するのが得意なタイプ、声がよい人、あるいは姿勢がよい人。緻密な作業に向いている学究肌の人、力仕事で他者に貢献できる人。

言うまでもなく、タイプに優劣はありません。

どんなタイプであるかが問題なのではなく、どんなタイプであるかを知ったうえで、どのように他者に貢献できるかを考え、最適な貢献の仕方にたどり着けるかどうかが重要なのです。

タイプと深く結びついた適性は、あなたの好みとは違っているかもしれません。

好きでもないことに時間をかけるのは本意ではない。まして、自分を高めるための労力をそこにつぎ込むことなど、かえって非生産的なのではないか。そんな疑問も理解できなくはありません。

ですが、私はこう尋ねます。あなたは何をしたいのですか。

自分の好きなことだけをやりたいのであれば、本書を閉じていただくほうがよいかもしれません。

好きなことで確実に成功するためのノウハウは、残念ながら本書のなかにはないからです。

好きこそものの上手なれ

とはいえ、「好きこそものの上手なれ」という言葉もあるじゃないか。そんな疑問を抱いた方もいらっしゃるかもしれません。好きだからこそ頑張れる。頑張るからこそ実力が身につく。そのほうが世のなかにもっと貢献できるのではないか。その気持ちはよくわかります。

しかし、くり返しになりますが、「やりたいこと」と「できること」は往々にして一致しません。

私がこれまで経験してきた人生の範囲などたかが知れているかもしれませんが、それでも、多くの方々が「好きこそものの上手なれ」を過信して、沼にはまっていくのを目にしてきました。

好きの最大の弊害は、途中で方向転換ができなくなる点にあります。

自分が「できること」だけにフォーカスしている人は、方向性が違っていたことに気づいた瞬間、また別の「できること」を探しに行くことができます。

他方、「やりたいこと」だけに囚われていると、それが仮に「できないこと」であったとしても、「やりたいからやめられない」という悪しき思考に陥り、どんどん深い場所へと落ちていきます。やめ時を見失う、という言い方もできるかもしれません。

もちろん、これもお伝えしたように、好きと得意が一致する奇跡のようなケースも存在します。しかし、それはあくまで1つの結果論であって、大きな成長に向けたアプローチの入口としては、明らかに得意にフォーカスする＝タイプを見極めるところから始めるべきです。

厳しい言い方かもしれませんが、仕事とはあくまで結果です。

もちろん、結果に至るまでのプロセスにも当然のことながら意味があり、不正等の誤った方法で結果を出したとしても、それらが評価されることはありません。結果が思わしくないケースでも、プロセスに見るべき点があれば、評価の対象になることも少なくはないでしょう。

それでも、仕事とは結果です。

同じ結果を効率よく＝生産性を高く出した人のほうが、明らかに高く評価される世界です。

そして、そこに深く関わっているのがタイプです。タイプを見極める大切さについては、これで十分にご理解いただけたのではないかと期待します。

さらにタイプを深く理解する

前章の終わりのところで、タイプを知るには統計学の知識が参考になるとお伝えしました。西洋占星術、易学、四大元素など、世のなかにはいくつもの観点が存在します。だからといって、それだけですべてがわかるわけではありません。統計はあくまで統計であって、１つの目安程度の意味しか持たない点を理解しておく必要があります。

あなたのタイプをできるだけ正確に見極めるには、あなた自身の現実を知ることが不可欠です。現実こそがもっとも信頼に足るデータであり、それ以上のものは存在しません。


ただ、データには常に適切な「読み方」というものが存在します。

いくら事実にもとづくデータを集めてきても、その読み方が適切でなければ、肝心のタイプへとたどり着くことは難しいでしょう。


次項からは、あなたというデータの読み方について掘り下げていきます。

私がお伝えする読み方のカギは３つあって、「意欲」「場所」「立場」という言葉で表現しています。

それぞれの内容について、しっかり腹落ちさせていただきたいと考えています。

2．どんなときに意欲が湧いてくるのか

過去に感じた意欲を言語化する

ここからはすべて、仕事を前提に見ていきます。

あなたがどんなときに意欲に溢れ、あるいは、どんなときに意欲が減退してしまうのか。その傾向を知っておく必要があるということです。

言うまでもなく、意欲の湧き方は人によって異なります。

あなたのこれまでの仕事やアルバイトを振り返ってみてください。どこかで必ず意欲を実感し、また、いずれかの状況においては「気が乗らない」と感じたことがあるはずです。必要以上に堅く、難しく考えるのはやめにしましょう。リラックスして過去の経験を思い出し、そこで感じたことをしっかりと思い起こしてください。

必要に応じて、メモを取るなど言語化することをおすすめします。

頭のなかにある段階のアイデアは、あなたが思っているほどクリアな状態にはなっていません。自分では「何となくわかったつもり」になっていても、確固たるアイデアの段階からは未だ遠く、自覚的にブラッシュアップしていく必要があります。

ブラッシュアップの最適な方法の1つが言語化です。

まだ曖昧な状態にある考えを明確な言葉で表現しようとトライすることによって、アイデアの解像度は格段に高くなっていきます。そのためにメモは非常に効果的です。本書を読み進めながら、過去を思い起こし書き出し、自分というデータの解像度を高め、さらに先を読み進め……といった循環を生み出していただきたいと思っています。

仕事の種類から考えてみる

これまでの意欲を思い起こすきっかけとして、ここではまず過去に取り組んだ仕事の種類という観点をお示ししたいと思います。

折に触れてエッセンスの部分は記述してきましたが、他者とあまりコミュニケーションをせずにデータやモノを扱う仕事にやりがいを感じるのか、あるいは、人と話すことが何よりも大好きで、営業の仕事に非常にやりがいを感じた過去があるのか。

仕事の種類によって意欲の感じ方には違いが出てきます。

さらに掘り下げて言うならば、一見すると同じように見える仕事のなかにも細かな違いがあり、そこまで踏み込んで考えてみることで、景色の見え方が異なることも少なくありません。

これまでに出会った方のなかには、文字通り多様な意欲の経験がありました。

自分が物語の中心には位置していなくても、他の誰かが画面のなかで生き生きと活動している姿を映像に納める瞬間に意欲が湧きあがってくるのを感じた。

そのような経験を活かして、今は動画編集の分野で活躍している人がいます。

あるいは、会社員としてITの分野で長く活躍してきた方は、自分の仕事の結果が誰かの大きな支えになることに喜びを感じ、今では独立して、起業や副業で新たなチャレンジをする人の支援を自分の新たな仕事としています。

もちろん、営業としてバリバリ稼ぎ続けることに意欲を覚えた方もいます。

そうした方のなかには、転職して自らにより高いハードルを課し、それを大きく上回る努力を重ね、さらに大きな価値を世のなかに提供し続けている人が少なくありません。

大切なのは、どんな仕事もそれぞれに尊いという理解です。

仕事の種類に貴賤はなく、どの仕事が必要とされ、どの仕事がそうでないかは、ビジネス自体の状況や、所属するコミュニティーの質によって異なるだけです。

起業するからといって、誰もがバリバリの経営者になる必要もありません。

なお、この辺の詳細については、拙著『最強の「シェアリング起業」入門　時代の一歩先を行く働き方がここにある！』(セルバ出版)でお伝えしていますので、ご興味のある方はぜひ手に取ってお読みいただけると嬉しいです。

仕事のシチュエーションから考えてみる

もう1つ参考になる観点が、これから見ていく仕事のシチュエーションです。

例えば､広く言えばマーケティングの仕事の1つに､コピーライティングというものがあります。商品やサービスを広く世のなかに届けるために最適なキャッチコピーを生み出す仕事です。

自分のつくったコピーが、クライアントに評価されることを想像すると意欲が湧く。

自分のつくったコピーで、お客様が商品を手に取る場面を想像すると意欲が湧く。

あるいは、自分のつくったコピーが、プロジェクトに関わる仲間の共感を呼ぶことに意欲が湧く。

この3つのシチュエーションは明らかに、同じものではありません。

そして、どのシチュエーションもそれぞれに大切な意欲を掻き立てる貴重な場面といえます。

もう1つの例として、商品開発の仕事を上げるならば、完成した商品の美しさを想像し、意欲が大きく掻き立てられるという状況が考えられるでしょう。また､自分が開発した商品が大ヒットし、会社の利益を大きく底上げする場面を想像してワクワクする人もいるかもしれません。さらには、上司から大きな評価を得られ出世に繋がることに喜びを覚える人がいても不思議はありません。

どれもが意欲に関わるシチュエーションであり、あなたというデータを読み解く重要なヒントになるものばかりです。

あなたはこれまで、どんな状況に喜びを覚えてきましたか。

その状況が再び訪れると想像したとき、心の底から意欲が湧いてくるのを感じる。その状況とはどのようなものでしたか。

ぜひともそれを、ここで思い起こしてください。

あなたのなかにはたくさんのデータが眠っています。

1日も早く、あなたに読み解かれることを今この瞬間も待っているはずです。

それを1つの意欲として過去のあなた自身を棚卸していただければ幸いです。そしてその先に、あなた自身のタイプを浮き彫りにする意欲の記憶と出会っていただきたいと願っています。

共通項は他者への貢献

仕事の種類とシチュエーション。

あなたのタイプに深く関わっている意欲を読み解くための、2つの観点を見てきました。

ここまで読み進めるなかで気づかれた方も多いかもしれませんが、仕事の種類は言うまでもなく、それぞれ異なるシチュエーションにも大きな1つの共通項がありました。

それは、自分以外の誰かに価値を提供しているという点です。

言い換えれば他者への貢献。表面的な状況には違いがあるとしても、根底にある他者貢献という本質に触れる瞬間にこそ、大きな喜びを覚え、意欲が掻き立てられる。私自身の狭い経験からは、そのような方が非常に多いと実感しています。

同時に、そこに1つの真実があるようにも感じています。

あなたの真実がどんな状況のなかにあるのか、とても興味があります。次ページに言語化のためのノートを用意しましたので、ぜひご活用ください。

【あなたはどんなときに意欲を感じてきたか】

☑ これまでの経験から、どのような仕事やシチュエーションでもっとも意欲を掻き立てられたのか。思いつく限り、以下に自由に書き出してみましょう。

☑ 上記の仕事やシチュエーションがどうしてあなたの意欲をもっとも高めてくれたと考えるのか。その理由についても、さらに深掘りしてみましょう。

3．どんな場所で意欲が湧いてくるのか

コロナ禍がもたらした変化

仕事の種類やシチュエーションの次は、場所という観点について見ていくことにします。

２０２０年からのコロナ禍で、日本の社会でもリモートワークが大きく進展しました。それでも海外に比べれば、まだまだ後れを取っています。第1章で、日本のＩＣＴ教育のレベルはＯＥＣＤ加盟国のなかでも最下位のレベルというお話をしましたが、ビジネスにおけるＩＣＴの活用もまた、さらに工夫の余地を残していると言うべきでしょう。

それでも、私たちが働く場所というものを意識するようになったのは大きな変化です。

それまではオフィスに出社し、そこで同僚と机を並べて働くのが当たり前。営業などで外周りが中心になる人も、オフィスには固有の席が用意されており、朝と夕方はできるだけ在席することを求められる場合がほとんどでした。

今でこそカフェでＷＥＢミーティングをしている光景もほとんど日常のようになっていますが、コロナ禍以前は「不謹慎」と受け止められることが多かったでしょう。

それがコロナ禍によって「出社できない」状況を強いられた結果、リモートワークでもほとんど支障がない現実に、多くの人が気づくことになります。

むしろ、満員電車での通勤がなくなる分だけストレスも少ない。

あるいは、家族と共に過ごす時間が増えて、家庭の雰囲気が非常によくなった。

そんなメリットを口にする人の数も増え、他方、企業は交通費やオフィスの家賃といった負担を軽減できる点に気がつくなど、コロナ禍が落ち着いた後もリモートワークを継続しているケースが多いと感じています。

こうした働く場所に対する社会の意識の変化は、今後の私たちの働き方にとって、非常に大きな意味を持つと私は考えます。

場所というものへの感度を高める

もちろん、オフィスで働くのが悪いということではまったくありません。

対面によるコミュニケーションでしか解決できない問題もたくさんあります。

私がここでお伝えしたいのは、働く場所というものに対する感度の問題です。これまで私たちは、オフィスで働くという「当たり前」が強すぎるあまり、自分たちが働く場所について考える機会がほとんどありませんでした。

駅から遠くて不便、夏は冷房が効きすぎて寒い、そんな不満はあったと思いますが、働く場所が仕事の生産性や結果に与える影響についてはあまり考えてこなかったというのが現実です。

言い換えれば、場所というものにほとんどアンテナを向けてこなかったわけです。

しかし、働く場所も自由に選択できるようになった今、働く場所というものに対してしっかりと感度を高めていく必要があります。どんな場所で働くと集中力がもっとも高まるのか。どんな場所で働くとあまりやる気がでないのか。

これらもまた、個人のタイプによって大きく異なります。私の場合は、歴史を感じさせる場所であったり、あるいは、豊かな自然のなかであったり、そうした人の本能と深く関わるような場所で働くときに、もっとも生産性が高くなっているように思います。

時には街なかのカフェで、緩やかなノイズに囲まれて仕事をしたくなることもあります。

こうしたメリハリがあること自体も、まったく悪いことではないと思っています。同じ人間でもその日によってリズムが異なります。その日の最適な場所が常に同じであるとは限りません。

手前味噌な言い方にはなってしまいますが、その日の自分のリズムと働く場所とのマッチングは常に意識しています。「今日はどこで仕事をしようかな」と考えることは私にとっての自然であり、何日も同じ場所で仕事をするというケースは滅多にありません。

そのことが間違いなく、私のアウトプットにポジティブな効果を与えています。

過去には毎日同じオフィスで仕事をした経験もありますが、質・量の両面で、今のような結果は出せていなかったと記憶しています。

それだけ働く場所というのは大切なものなのです。私たちの働き方に、その結果に、大きな影響を与えるものなのです。

どんな場所にもメリット／デメリットがある

オフィスにはオフィスのメリット／デメリットがあります。

リアルなコミュニケーションによって、より本質的な議論を重ねることができます。相手の声や表情の細かな変化を意識する必要のある、込み入ったテーマについて打合せをしたりする場合は、オフィスでの仕事が必要になってくるでしょう。デメリットは通勤の時間やストレスです。

自宅で働くことによって、時間やストレスの問題は解消することができます。

それほど込み入ったテーマでなければ、ミーティングもオンラインで完結しますし、お子さんをお持ちの方などは、育児との両立もしやすくなります。自分のライフスタイルに合わせた働き方を可能にしてくれるのが、自宅でのリモートワークといえるでしょう。

それでも、オンとオフの境目がなくなり、なかなか仕事を終えられない。何時になっても上司や先輩からメールが届く。あるいは、家族と四六時なか一緒にいることが新たなストレス要因になる。そんな声が多く寄せられるようになったのは、あなたもよくご存知のことと思います。

カフェやコワーキングスペースでは、特に家族とのストレスは解消できるかもしれません。

周囲の人の話し声などノイズが気にならない人にとっては、好きなものを飲みながら落ち着いて働くことのできる環境は素敵なものかもしれません。それでも、機密情報の管理や、必要なときに必要な場所が空いているかどうか、リモート環境が整っているか、といった問題は残ります。こうしたメリット／デメリットを踏まえて、いよいよあなた自身との繋がりを考えていきましょう。

どんな場所があなたの意欲を高めるのか

それぞれの場所のメリット／デメリットを踏まえつつ、ここからは過去の記憶を辿っていきます。あなたはどんな場所で仕事をするときに、もっとも意欲が高まったでしょうか。同僚に囲まれたオフィスでしょうか。コロナ禍で多くを過ごした自宅でしょうか。それとも、カフェでコーヒーを飲みながら仕事をしているときでしょうか。

もちろん、どの場所が正解という問題ではありません。

本章での目的はあなたのタイプを見極めることであって、その1つの観点として、働く場所からあなたというデータを深掘りしていこうとしているわけです。

あなたの集中力、やる気、生産性といった点がどうだったかを思い起こしてください。

そこにはきっと、一定の傾向が見られるのではないかと思っています。

あなたと働く場所との結びつきが見えてくれば、今後の働き方を考えるうえでの、非常に大きな参考情報となることは間違いありません。

オフィス、自宅、カフェやコワーキングスペース以外の場所でもまったく問題ありません。

電車のなかで仕事をすると不思議と集中力が非常に高まるという方に、これまで1度だけですが、お会いしたことがあります。その方は、重要なアイデアをまとめる際などには、電車に乗って、何往復も行ったり来たりしながら、考えを練っていくと仰っていました。

あなたにとっての最適の場所を、ぜひ見つけていただきたいと思います。

【あなたはどんな場所に意欲を感じてきたか】

☑ これまでの経験から、どのような場所で仕事をしたときにもっとも意欲を掻き立てられたのか。思いつく限り、以下に自由に書き出してみましょう。

☑ 上記の場所で仕事をすることが、どうしてあなたの意欲をもっとも高めてくれたと考えるのか。その理由についても、さらに深掘りしてみましょう。

4．どんな立場で意欲が湧いてくるのか

仕事には常に立場がある

最後に、立場という観点から意欲について考えていくことにします。

立場という言葉は耳慣れないかもしれませんが、どんな仕事にも立場というものがあります。

ここでいう立場とは、いわゆる「肩書」とは少し意味合いが異なっています。もちろん、重なる部分も少なからずあるのですが、「部長」「課長」「主任」などといった肩書だけでは表現し切れない要素が含まれていることを、まずはご理解いただきたいと思います。

立場を説明する言葉はいくつもありますが、ここでは「リーダー」「参謀」「兵隊」という3つを挙げたいと思います。

リーダーとは言うまでもなく組織やチームを引っ張っていくべき存在です。

ビジョンを明確化し、理想と現実とのギャップを特定し、組織やチームの問題を解決していく。

そのための牽引役となるのがリーダーです。

参謀とはリーダーを支える存在です。高度な知見をもとにアドバイスを送り、リーダーの判断が常に最適であり続けるようサポートします。時にはぶつかることも恐れず、組織やチームのために最善を尽くす存在が参謀です。

最後は兵隊です。兵隊という言葉をネガティブに捉えた人は少なくないと思います。

しかし、組織やチームは兵隊なくしては回りません。リーダーが示した道を着実に進んでいく。実際に手を動かすのは兵隊です。いかにリーダーが優秀でも、優れた兵隊がいない組織やチームは絶対に成果を上げることができません。現場としてのスキルを極限まで高め、作戦遂行部隊として大きな成果を残す。最強の兵隊は傭兵のようなプレゼンスを発揮することもできます。

それぞれに固有の特長があり、どれもビジネスの成功にとっては欠かせない存在です。立場とはこのようなものであることが、少しは伝わりましたでしょうか。

あるいは、「立ち位置」という形で捉えていただくのもありかと思います。

タイプによって最適な立場は異なる

すでにお気づきのこととは思いますが、人によって向いている立場は異なります。

そしてその理由は、立場はその人のタイプと深く結びついているからです。タイプは人によって異なりますので、当然のことながら、向いている立場も違ってくるわけです。

生まれながらのリーダー気質という人がいます。

どんな組織やチームに所属していても、自然と人の前に出てきているような存在です。

そうなることを本人が望んでいるかどうかはあまり関係がありません。本人が望まないとしても、周囲がその人に牽引してもらうことを望みます。

それがその組織やチームが成果を出す最善の方法だと、多くのメンバーが気づくからです。

また、自他ともに認める参謀役という方にあったこともあります。

本人は人前に立つことを好まない。また、周囲も同様にリーダーというポジションではないとの感覚を持っている。それでも、仕事についての知見は抜群であり、誰もがその人の存在を、組織やチームにとって欠かせないものだと考えている。

当然のことながら、本人もアドバイスを送ったり、相談に乗ったりすることを厭わない。互いに理想的な立場を承認することで、組織の力は間違いなく最大化されていたと感じます。

そして、最強の傭兵と呼ぶべき人たちにも何人も触れてきました。

自らは何かを発信したり、組織を牽引したりする立場にはないことをわかっている。それでも、プレイヤーとしての実力は群を抜いており、非常に高い成果を出してくれる。そんな存在です。

企業のなかだけではなく、フリーランスや起業家として1つの仕事に専念する人もまた兵隊です。

プロフェッショナルとしての腕前を持った一流の仕事師たちです。このように見ていくと、兵隊も俄然輝きを増して見えてくるのではないかと思います。

念のため補足しておくと、こうした立場に貴賤はありません。

リーダーだから偉いとか、軍師のほうが兵隊よりも上に見えるとか、そういった強い偏見は今でも根強く残っていますが、これらはまったくの誤りです。ただ果たすべき責任の種類が違うだけで、どれもが必要な不可欠な立場であることを心に留めておく必要があります。

どの立場があなたの意欲を掻き立てるのか

仕事の種類やシチュエーション、働く場所と同様に、立場もまた意欲と深く結びついています。これまでに重ねてきた経験を思い起こしてください。なお、仕事のキャリアがまだ短く、職場ではリーダーの立場を経験したことがないという方は、学校時代の記憶まで遡ってみましょう。生徒会の役員とか学級委員とか、部活動の部長といった目立った経験ではなくても大丈夫です。自分以外の誰かを積極的にリードした経験があって、そのときにとても意欲が高まった。それで十分です。あるいは、誰かの相談に乗って、相手の役に立って実感を得られたときに喜びを感じた。それは立派な参謀候補生です。

リーダーや参謀の経験はなくても、全員で決めたことを着実に実行する。そうすることで見事にゴールへと辿り着くことができ、このうえない充実感を覚えた。自分の取り組み内容には自負がある。そんな方は最強の傭兵に近づくことができるかもしれません。

あなたはどんな立場で行動したときに、意欲がもっとも高まりましたか。

大切なのは自分というデータを深く掘り起こし、あなたという人間の本質を見極めることです。あなたの本質とはタイプそのものであり、これからのあなたの働き方を定めていくうえで、非常に大きな示唆を与えてくれるものです。

孫子の言葉にもあるように、「彼を知り己を知れば百戦危うからず」なわけです。本章を通して、自分を見極めることの大切さをご理解いただけたなら何よりです。

【あなたはどんなときに意欲を感じてきたか】

☑ これまでの経験から、どのような仕事やシチュエーションでもっとも意欲を掻き立てられたのか。思いつく限り、以下に自由に書き出してみましょう。

☑ 上記の仕事やシチュエーションがどうしてあなたの意欲をもっとも高めてくれたと考えるのか。その理由についても、さらに深掘りしてみましょう。

【本章のまとめ】

☑「好き」と「得意」は必ずしも一致するわけではない。自分のタイプを見極める際には、「好き」よりも「できる」のほうに軸足を置くことが好ましいといえる。

☑ 仕事の種類やシチュエーションが異なれば、仕事に対する意欲の湧き方も違ってくる。自分がどんな仕事や状況のなかで意欲高く働くことができたかを思い起こしてみる。

☑ 働く場所が生産性に与える影響は、私たちが考える以上に大きい。どんな場所で働くときに、集中力や生産性がもっとも高まったのか。それを思い起こしてみよう。

☑ 仕事上の立場も同じく、働く私たちの意欲に影響している。立場に貴賤はなく、どの立場でも組織への貢献は果たせる。自身の喜びの源泉＝立場を思い起こしてみる。

第3章

STEP②／自分の関心を徹底的に掘り下げる

【本章でお伝えしたいこと】

①　自分のタイプを把握した次は、それをもとに自分の関心をさらに深く掘り下げる。それによって、自分が何のために働くのかという目的意識が明確になる。

②　適切な理解は常に、適切な知識に裏打ちされている。目的意識を明確化するために、どんな仕事の種類や働き方があるのかを徹底的にリサーチする必要がある。

③　リサーチで得た情報に加えて、理想に近い働き方をしている人を探し出し、関係を構築したうえで多くを学ぶことも重要。常に自責の精神を持って接すること。

④　理想とするゴールを設定することが目的意識の深化にとって大きな意味を持つ逆算思考を駆使して、理想の実現に向けたプロセス等も具体的に設定していく。

1．タイプをもとに目的意識を明確化する

「継続は力なり」

第3章では、把握したタイプをベースとして、自らの関心をいかに掘り下げていくかという点を詳しく見ていくことにします。

ここまでくり返し、「やりたいこと」よりも「できること」を優先すべきとお伝えしてきました。あなたが仕事をする最大の目的は社会に対してプラスの価値を提供することにあり、だからこそ、自分の「できること」「得意なこと」を社会のために最大限活用していくことが望ましいわけです。

とはいえ、人間とは正直な生き物でもあります。

自分が「やりたくない」ことを続けていると生産性が自然と落ちていき、提供できる価値の質や量が大きく低下してしまうだけではなく、長続きせずにやめてしまうというリスクさえあります。

こうしたリスクを回避するためには、「やりたいこと」と「できること」の距離を極小化すること、「やりたいこと」を「できること」にできるだけ近づける努力が必要になってきます。

あなたにも経験があると思いますが、最初はそれほど関心を持つことなく、あるいは、できればやりたくないと思ってスタートしたことが、頑張って続けているうちに喜びや楽しさが見えてきて、結果的に長続きして結果に繋がるケースが少なくありません。

そして、喜びや楽しさが見えてきた背景には、継続する努力のうちに、目的意識のようなものが少しずつ芽生えてきたという事実があるはずです。

何のためにやるのかがわからなかった。

これをやることにどんなメリットがあるのかわからなかった。

これを続けることが誰かの喜びに繋がるという確信をまったく持てなかった。

しかし、わからないながらも続けているうちに、続けることで自分にどんなプラスがあるのか、他者にどんな価値を提供することができるのか、つまりは継続することの目的が見えてくる。

必ずしも明確に言語化できていないとしても、同様の経験をお持ちの方は少なくないはずです。

仕事の場面においても、まったく同じことが言えます。

私も社会に出て仕事を始めた直後は、自分のなかで目的意識が明確になっていませんでした。

ですが、まずは自分自身で納得できるところまで継続しよう、できるだけ高いレベルを目指して努力を重ねていこう、そのように決意して取り組んでいるうちに、仕事の意味や社会に提供できる価値の本質を理解できるようになり、仕事の質が飛躍的に向上したと実感しています。

「継続は力なり」という言葉のとおり、続けたからこその成長だと理解することができます。

目的意識の重要性を理解する

このように考えたとき、目的意識の重要性が浮かび上がってきます。

目的意識が明確になることで、あなたが何かを続けること自体の価値を理解することができます。それに加えて、これがもっとも重要な点ではありますが、あなたが誰に対して、どんなやり方で、どのような価値を提供できるのかが明確になってきます。

それがあなた自身の「やりたいこと」と大きく重なるところがあれば、それはとてもハッピーな状況であると考えてください。しかし、決して油断しないでください。あなたが「できること」をしっかりと分析できているのか、あなた自身のタイプをしっかりと把握できているのか、もう1度立ち止まって整理してみましょう。

まだ自分の「やりたいこと」との重なりが明確に見えてこない場合は、さらに自分の関心を深く掘り下げていく必要があります。第2章で見てきた3つの観点を思い起こしてください。あなたはどんな種類の仕事に向いているのか、どんな場所で働くときに生産性が高まるのか、どんな立場で働くときに喜びを感じるのか。これらについての理解をさらに深めていくのです。

理解が深まるにつれて、喜びや楽しさの可能性が見えてきます。

その可能性をさらに深く掘り下げていくことで、自分の「やりたいこと」と「できること」との距離が一気に縮まり、あなたがそれに取り組む目的が浮かび上がってきます。

こうした芽生えた目的意識を絶対に手放さないようにしてください。

目的に対する気づきは、ある時、一瞬の閃きのように降りてくることが少なくありません。

常に記録を残す準備を怠らないよう気をつけてください。

必ずしも手書きのメモを残す必要はありません。

スマホに記録することでも大丈夫ですし、読んでいた文章がきっかけとなって閃いたのであれば、スクショを残すことも効果的です。

人の記憶は私たちが思っているよりも儚いものです。

1度抜け落ちた記憶が戻ってくる可能性は極めて低く、私自身も何度か後悔の念を抱きました。あなたの大切な気づきを逃さないよう、よろしくお願いします。

明確に言語化することがさらに重要

記録を残すことが重要なのは、何も忘れるのを防ぐためだけではありません。

あなたのなかに芽生えた目的意識を、「何となくそんな感じ」のまま放置しておくのでは、ほとんど意味がない事実を理解する必要があります。

言語化するとは「いつ誰にどのように訊かれても、訊いた相手が理解できる言葉で説明できる」状態に持っていくことだと理解してください。そのためには当然のことながら、本質を抽象化し、自分自身がふだん使っている言葉に置き換える必要があります。

誰かが語っていた言葉に触発されたとしても、それはあなた自身の言葉ではありません。

誰かがどこかで語っていた言葉をただくり返すことで、何かを得た気分になっているとすれば、それは非常に恐ろしいことだと私は思います。

以前、セミナーを受講する度に「気づきを得た」と口にする人がいました。

しかし、「その気づきをぜひ自分の言葉に置き換えてください」と言うと、必ずといってよいほど口ごもります。そのような人に限って、別の機会にはまた別の「気づきを得た」と語り、しかし、何かがその人の理解を深めたようには見えない。そんなやり取りをくり返すことになります。

これは明らかに、気づき＝目的意識を言語化できていない状態です。

言語化のために必要なのは抽象化の力です。抽象化の力とは、異なる出来事や言葉等のなかから、共通する本質を抽出し、それをまた別の出来事や言葉等に見出すことができる力を指します。

本質を抽出するということが、自分の言葉で語るということに他なりません。

あなたに発揮してほしいのは抽象化の力です。あなたのタイプを手掛かりとして、それがどんな仕事や働き方に向いているのかを、単に表面的なところからではなく、本質的な部分からしっかり理解してほしいと思っています。

一見すると「できない」と思える仕事が、本質的な部分では自分のタイプに合っていた。

一見すると「やりたくない」仕事が、本質的な部分では自分のタイプに合っていた。

どちらの方向性もあり得ます。あなたにはぜひ、自分のタイプをもとに、２つの方向から十分に可能性を掘り下げていっていただきたいと願っています。

とはいえ、可能性を掘り下げるためには、いくつかのポイントがあります。その点については、この後さらに詳しく見ていくことにします。

2. どんな仕事や働き方があるのかを徹底的にリサーチする

自分自身のタイプをもとに関心を深く掘り下げることによって目的意識が浮かび上がってくる。それを明確に言語化することによって、「やりたいこと」と「できること」とが重なり合う面積を、できるだけ大きくすることができる。

ここからは、そのために必要な2つの観点を示していきます。

理解の背景には知識がある

その1つが、理解の背景には知識があるという事実認識です。物事を正確に理解するためには、その基礎となるべき事実を正確に認識する必要があります。経験的な理解にはなりますが、仕事が上手くいかない人の多くは、事実認識を疎かにしているように感じています。

事実を正確に把握することなく、自分の主観を優先してしまう。

あるいは、自分の主観に基づき、事実を自分に都合のいいように「読んで」しまう。

後者のケースは、意外と見過ごされがちではあるのですが、実際にはかなり多いと感じていて、客観的に見えるデータにも「読み方」がある事実に、多くの人が気づいていません。

例えば、何かの統計データを評価する際に、40%という数字を「多い」と読むのか「少ない」と感じるのか。これは人によって違いがあると思います。

しかし、違いが残ったままでは共通認識としての評価は生まれません。

そこで重要になっているのが事実です。

もう少し具体的に場面を設定すると、未来に不安を覚える若者の割合を国別に比較するデータが存在するとします。日本では今40％の若者が未来に不安を覚えているとします（残念なことに、実際はもっと多くの若者が大きな不安を抱えています）。

他国のデータを見て、40％を下回っている国が多ければ、日本の割合は「多い」という評価が妥当です。その反対であれば「少ない」と評価することになります。評価のベースにあるのは常に「他国のデータ」という事実です。この事実を把握することなく「多い」「少ない」を議論するのはどこでいっても主観的な試みでしかありません。

そして、そのような主観的な試みから生産的な何かが生まれるとは思えません。

言い換えれば、事実の認識とは「知識」に他なりません。

正確な理解の背景には常に、正確な事実認識としての知識が存在しています。あなたもこの点をしっかりと腹落ちさせてください。

知識がないときは調べる

あなたが自分の関心を深く掘り下げようとするとき、残念ながら、あなたのなかには十分な知識がまだ身についていないという場合もあるでしょう。

だからといって、心配する必要はまったくありません。

自分のなかに判断材料となる知識がなければ外から引っ張ってくればよいのです。社会人としての少ないことを気に病む必要はありません。人は経験から多くを学ぶことができますが、それ以上に知識からも多くを学ぶことができます。

さらに、近年はテクノロジーの進展が著しく、検索手段や機能性が大きく向上しています。技術が進化した分だけ、あなたが求める情報にアクセスできる可能性が高まったということです。このメリットを活かさない手はありません。

少なからず、テクノロジーの活用に自信がないという人に出会います。

さすがにデジタルネイティブ世代になると、その割合は大きく減っていきますが、それでもまだ一部には、そんな思いを口にする人がいます。しかし、これからの時代を生き抜くうえで、それは明らかにアウトであることを理解する必要があります。

何も、プログラミングを独力でできるようになる必要があるとまでは言いません。

そこまでの専門知識を身につけなくても、あなたが必要な情報を調べることに支障はありません。あなたが情報を検索したり、作業を効率に進めたりするうえで役に立つアプリの存在や活用方法等を適切に理解できていればそれで十分です。

ネットを検索するだけなのに何を大げさな、と感じた方もいるかもしれません。たしかに技術の表面的な部分だけを見ればそのとおりでしょう。

しかし、何かを検索するにも仕方というものがあります。これは理解と知識との関係とまったく同じです。適切な知識があれば、より適切に検索を行うことができます。アプリを活用するのでも結果がまったく違ってくると私は確信しています。

つまり、テクノロジーを適切に活用するのにも、適切な知識が必要だということです。テクノロジーに関連する領域の事実を適切に把握しておく必要があるということです。

それがしっかりとできていれば、あなたの関心に沿って、あなたが得たい情報を適切に検索し、さらに関心を深掘りするために必要不可欠な知識を得ることができるはずです。

リサーチ力は仕事の力にも直結している

あなたが目的意識を見出し、それらを明確に言語化するうえで必要なのは、世のなかにどんな仕事や働き方があるのかを徹底的にリサーチすることです。

世のなかには本当の多くの仕事が存在します。

企業が営んでいる仕事だけを見ても、様々な業種業態があります。それらを個人事業主や副業のレベルにまで掘り下げていくと、さらに多くの仕事や働き方を見出すことができます。そのうちのどれがあなたの関心に刺さるかはわかりません。ですが、ヒットする可能性はそのまま、あなたがリサーチした量に比例していると考えてください。上手に効率よくリサーチしたい気持ちは、私もよく理解することができます。しかし、ここで重要なのは明らかに量のほうです。

この点も意外と見過ごされがちなので補足しておくと、いきなり質を追い求める人がいますが、それは失敗の元だと私は考えています。何が正解かはすぐにはわかりません。だからこそ徹底的にリサーチを重ねるわけです。1つの成功の陰にはその何十倍もの失敗が横たわっている。この点はとても重要ですので、ここで強調しておきたいと思います。

リサーチする際に重要になってくるのがキーワードです。

そして、キーワードは常に事実のなかに埋もれています。より多くのキーワードを見つけるには、より多くの事実に触れる必要があります。そのなかから、より適切なキーワードを見出すためには、先程もお伝えした抽象化の力が必要になってきます。

あなたが見出した本質と重なる事実やデータはすべて、良質なキーワードの候補になります。

無論、最初からすべてが簡単に進むはずはありません。だから遠慮なく試行錯誤してください。

あなたがくり返した試行錯誤の数は、必ずあなたにとっての力に変わります。そのことを信じて、諦めることなく愚直に努力していくことが重要です。

仕事のできる人は、最初から仕事ができた人ではなく、できるレベルに至るまでの努力を決して怠らなかった人です。愚直に試行錯誤を重ねた人です。

だからこそ、リサーチ力はそのまま仕事の力に直結していると私は考えます。

自分を掘り下げるための作業はすべて、あなた自身の成長やスキルアップに繋がっています。

そのことを常に、心に留めておいていただきたいと思います。

3．理想に近い働き方をしている人と会いに行ってみる

リサーチ力を発揮した、その先

あなたの「やりたいこと」を「できること」へと近づける。

そのためのもう1つの観点が、あなたが理想とする働き方に近い形で活躍している人を見つけて、実際に会いに行ってみるというものです。そのためには当然ながら、前項で見てきたリサーチ力をふんだんに発揮する必要があります。

世のなかにどんな仕事や働き方があるのか。まずはそれらをしっかり調べていきます。

そして、自分のタイプに合っていて、喜びや楽しさを見出せそうな仕事や働き方が見つかったら、ぜひそれらを実践している人についてもしっかりとリサーチしてください。

仕事や働き方の数以上に、社会には本当に多くの人が生きて、働いています。

それも1つの事実認識＝知識であり、あなたにとって非常に多くの気づきや何物にも勝る勇気を与えてくれると確信します。

だからといって、ここであなたの歩みを止めてはいけません。

あなたにとってとても重要な意味を持つと思われる存在に気づいたのなら、勇気を出して実際に会いに行き、リアルな姿や働き方を通して、さらに多くの学びを得てください。

もちろん、いきなりＳＮＳでダイレクトメッセージを送るといったやり方はアウトです。まずはリアルの場面で面識を持つこと。セミナーに登壇する機会を見つけることができたなら、迷わずそれに参加し、終了後に質問するなどして存在を知ってもらうこと。そこで連絡を交換し、接点ができればベストだと理解しましょう。

初回の接点の濃度にもよりますが、私は１回の出会いだけですぐに仲良くなったと考えることは避けるようにしています。２度、３度と機会を見つけて接点の質と量を増やし、自分という存在を相手にしっかりと認知してもらうよう心がけます。相手が私の顔と名前を記憶してくれて、訪問を好意的に受け止めてくれるようになって初めて、個別の接点を持ちたいとオファーします。

出会いにも試行錯誤が必要

なお、こうした出会いがすべて上手くいくとは限りません。

遠くで眺めている限り多くの景色は美しく見えますが、近づけば近づくほど、決して美しいとは言えない部分が見えてきます。接点が濃くなって初めて相手の本質が見えてきた結果、あなたとは求めているものが大きく違うといったケースも少なくありません。

そんなときは思い切って諦めることが肝心です。

人と人との出会いは多分に縁のようなものであり、縁には様々な形があり得ます。必要以上には近づかないという縁の形があっても不思議はありません。

何より注意しなければいけないのは、選んだのは自分自身だという点です。

仮に関係構築が上手くいかなかったからといって、相手を責めるのは明らかに間違いであって、絶対に避けなければなりません。私自身の経験からも、決して多くはありませんが、望んだことが結果的に得られなかったとき、教えを乞うためにその人を選んだ自分ではなく、相手の力量不足が原因であると、相手を責める人が一定数います。

あなたは決して、そのような人にはならないでください。

真に必要な学びを得るためには試行錯誤が欠かせません。できる多くの人と接点を持ち、そこでたくさんのやり取りを重ねることによって、本当に学ぶべき存在が誰なのかが見えてきます。

くり返しになりますが、最初から最高のメンターに出会えるのが本当にハッピーな人です。

そうでないとすれば、その人が本当に自分の求める存在であるかをしっかりと吟味することなく、表面的なレベルでの学びに終始してしまっている人です。

そのどちらも、自分に当てはまるとは思わないでください。大きな失敗の元です。

時間=お金という視点を常に持っておく

ビジネスにおいて、一般には「タダ」はよくないこととされています。

自分が売る側に立った時には明らかにそうですし、「タダほど高いものはない」とも言うように、タダで何か大切なものが手に入ると言われたら、裏に何か罠が潜んでいるのではないかと疑っても決して責められることはないでしょう。

どんな商品でもサービスでも、それを生み出すまでには一定の時間を必要とします。

そして時間は常にお金と深く関わっています。開発までの時間は対価という形をとって、商品やサービスが売れた後に開発者に売上や利益をもたらします。

だからこそ、自分の時間をムダに過ごすことも、相手の時間を必要以上に奪ってしまうことも、どちらもお金をムダにしているという点で共通しています。仕事で常に生産性が強調されるのも、裏で常にお金が動いているからだという事実は、あなたもよくご存じのとおりだと思います。

それでも、タダがポジティブに評価される場面というのが例外的に存在します。

それが学びの場面です。ここからは、あなたに多くの気づきや勇気を与えてくれる存在のことを、「メンター」という言葉で表現します。あなたがメンターに教えを乞うとき、「タダでもよいから」と申し出ることは非常に重要であると私は考えています。

あなたがメンターのもとで学ぶとき、多くの時間をメンターと共に過ごすことでしょう。

いくつかの場面では、メンターの仕事を手伝うように求められるケースも少なくないと思います。

そこで対価を求めるのではなく、「タダでもよいから」と自分から申し出てください。

もちろん、あなた自身の時間を費やすわけですから、本来であれば対価が発生すべきケースだと私も理解します。しかし、一歩引いて考えてみることで、きっと違った風景が見えてくるはずです。

発生する対価以上に多くのことを学んでいる。それは間違いありません。

しかし、もっと重要なことがこうしたケースの背景には隠れています。

それは、他ならぬメンター自身が教えることの対価を要求していないという事実です。あなたのメンターは、決して安くはないコンサルティングフィーを請求できるだけの存在です。通常ならばあなたに費やした時間で多くの利益を手にできているにもかかわらず、あなたに請求することなく、無償で多くの気づきを与えてくれているわけです。

あなたのメンターのなかには他者への価値提供の精神が溢れていることでしょう。

だからこそ、「タダでもよいから」と、仕事のサポートを通じて、多くの貴重な知見を惜しみなく提供し、あなたの将来の活躍に期待しているわけです。

あなた自身の学びは本来タダではありません。接点を持つことが叶わなかった人は、安くはないお金を払ってあなたと同じ学びを得ているわけです。

その事実の重みをぜひ、ここでご理解いただきたいと思います。

少なからず、仕事の手伝ったことに対して対価を求める人がいます。背景にある仕組みをまるで理解せず、自分だけの狭い視野で物事を判断している結果です。

あなたにはそうなってほしくないので、あえてこうした厳しい言い方をしています。

他責は絶対にNG

すぐに対価を求めてしまうような人は、メンター自身が直接判断しなくても、コミュニティーから自然と外に出されてしまう可能性が高いと言えます。

メンターと志を同じくし、他者貢献の精神に満ちたメンバーがコミュニティーを構成します。自分のことだけを考え、他者に貢献するという姿勢はおろか、むしろ搾取するというのにも似た行動を取る人に対して、活動を共にしたいとは絶対に思いません。

そこまで極端なケースではないとしても、コミュニティーに受け入れられないケースというものは残念ながら存在します。価値観が近いメンバー同士が多く集まること、確かな共感が生まれること、それらを口にするのは簡単ですが、実現するのが決して簡単ではありません。

悪意がなくても、価値観が合わない、共感できない、という場合はあるのです。

そんなとき、あなた自身の器が試されることになります。

先程、メンターが上手く見つからないとしても相手のせいにはしないことが大事だと書きました。これはコミュニティーへの所属についてもまったく同じであり、仮に上手くいかないからといって、それを他責にすることだけは絶対にＮＧであると心得ましょう。

すべてを自責で考えること。

それは何も、上手くいかないときに自分を責めるということではありません。他人のせいにはせず、自分にもっとできたことがあるのではないかと、常に自分事として次の可能性を考えることこそが、私があなたにお伝えしたい自責という言葉の意味です。自分事にできない人が共感を得られないと考えれば、よく理解できるのではないでしょうか。

4．自分の理想のライフスタイルをゴールとして設定する

働き方とは生き方である

よいメンター選び、そこから派生しての、よいコミュニティーへの所属。

後者については、第5章で詳しく言及するとして、ここで先にお伝えしておくべき観点として、ゴール設定の重要性を挙げておきたいと思います。

ここでいうゴールとは、やや大きな言い方にはなりますが、あなた自身の人生のゴールです。どのような死に際を迎えるかというところまではいかないとしても、どんな人生を送りたいのか、あなた自身の理想のライフスタイルをしっかりと見定める必要があります。

理想のライフスタイルを意識するかどうかで、あなたの目的意識の深掘りのレベルは、おそらくあなた自身が想像するよりも、大きく違ってくることは間違いありません。なぜならば、あなたの働き方はそのまま、あなた自身の生き方に直結しているからです。どれだけ時間をかけるかという問題はさておき、働くことは私たちの生活のなか心を占めています。

ここで、「私たちは何のために生きているのか？」という問いを立ててみます。

多くの人が、「幸せになるため」と答えるのではないでしょうか。

そうなると次は、「あなたにとっての幸せとは何か？」という新たな問いが生まれてきます。

幸せな生き方と働くことの位置づけ

幸せの意味は人によって大きく異なります。なので、私がここで1つの答えを出すこと、それを想像することさえ適切であるとはいえません。それでも、リスクを承知の上であえていうならば、お金に代表される物質的なものと、喜びに代表される精神的なものの2つの分類が可能です。

補足するならば、前者は土の時代の、後者は風の時代の主たる価値観です。

物質的な幸せを追求する人々にとって、金銭の獲得はとても重要な意味を持つに違いありません。お金を得る方法は世のなかにいくつも存在しますが、犯罪に手を染めないことを前提とするならば、基本的には働くのが一番オーソドックスなお金を稼ぐ手段です。

そうなると、幸せは働くことと直結しており、仕事が人生のなか心を占めることになります。

続いて、精神的な幸せを追求する人々にとってはどうでしょうか。

言うまでもなく、お金はもっともプライオリティが高いものではありません。そうした人たちは精神的な満足を得ることが人生の至上の課題であり、それは多くの場合、自分以外の誰かの喜びに触れることと重なっているように感じています。

自分以外の誰かの喜びに触れるとは、何度もお伝えしているように、他者への貢献、ないしは、他者への価値提供を指しています。そのためには仕事が効果的な手段であること、もっと言えば、仕事の最大の目的こそが他者貢献であることを私たちはすでに学んできました。

つまり、精神的な満足を追求する場合にも、必然的に仕事は生活の中心に位置するわけです。

ここまで書くと、ボランティアはどうなのかと疑問に持った方もいらっしゃるかもしれません。

確かに、ボランティアは無給を前提としている以上、明らかに仕事とは一線を画すべきであって、しかし、他者への貢献こそがプライオリティである点は一致しています。

それでも、と私は思います。ボランティアの源泉もやはりお金です。

多くの有志が寄せてくれたお金＝バックグラウンドがあるからこそ、ボランティアは活動として成立するわけです。こう書くと夢のない話のようにも見えますが、現実は現実としてありのままに理解する必要があります。お金がなければボランティアは成り立ちません。

そうすると、そのお金をどうやって手に入れるのかという話に戻っていきます。先祖のおかげで使い切れないほどの財産を持って生まれた人を除けば、仕事で稼ぐ以外に方法はないでしょう。

だからこそ、仕事を人生のなか心に据えることに問題はありません。むしろ、どんな仕事や働き方が大切なのかを課題の中心に据え、自らのライフスタイルを真剣に考えていくべきなのです。

理想のライフスタイルとは必然的に、理想とすべき働き方と多くの部分で重なります。

私がここまでお伝えしてきたことの意味が、ここで重なってきたとすれば嬉しい限りです。

逆算思考でライフスタイルを設定する

理想のライフスタイルを設定するためには、逆算思考を効果的に活用します。

逆算思考とは、ご存知の方もいるとは思いますが、自分が理想とするゴールを最初に設定して、その実現のために必要となるタスクを漏れなく洗い出し、それらを1つのプロセスへと組み上げ、実現までのスケジュールを設定し、プロセスの進行をしっかりとマネジメントしていくといった、一連の思考のことを意味しています。

例えば、あなたが旅行に行くとしたなら、最初に決めるのは目的地であり、その次に交通手段や宿泊先について定め、いつまでに何を準備すべきかを考え、それを着実に実行に移すでしょう。

思いつくまま、行く先を定めない気ままな旅も素敵ではありますが、それは時間に縛りのない、仕事上の制約もない生活をしている人だけに許された特権です。

前者が推奨される理由は、効率が圧倒的に高いからです。生産性高く旅行を設計することができるからです。

ライフスタイルとは概ねワークスタイルであると書きました。

そして、ワークスタイルには明らかに、高い生産性が求められています。

今から50年後にどんな人生を送っていたいのか。

そのために、40年後の自分は何をしている必要があるのか。

理想的な40年後を実現するためには、20年後、30年後のあり方も重要になってきます。

人生の理想的なゴールから逆算して、それを実現するまでのプロセスを具体的に組み上げること。

それをしっかりと実践することで、一歩ずつ、しかし着実に、理想の自分に近づいていくこと。

それがこれからのあなたには求められているということです。

変化を恐れず常に見直す

理想のゴールを見定めるためには、自分の関心を徹底的に掘り下げる必要があります。

何のために働くのかという問いは、すでに見てきたように、何のために生きるのかという問いと、非常に多くの部分で重なっています。

自分に「できること」と「やりたいこと」とのギャップを極小化し、徹底的に関連知識を深め、必要な学びを「タダでもよいから」の姿勢で積極的に手に入れ、理想のライフスタイルを設定する。

本章での気づきをベースに、逆算思考をしっかりと駆使することによって、あなただけの理想的なライフスタイルがきっと見つかるはずです。

とはいえ、人は常に成長し、変化する生き物でもあります。

あなた自身の今の理想が、5年後、10年後も同様に理想であるとは限りません。

大切なのは、あなたの変化に応じて理想を常に見直すことです。最終的なゴールが変化すれば、当然ながら、そこに至るまでのプロセスにも変化が生じます。そこまで見直すのは大変でしょう。

しかし、変化を無視して自分の理想をなおざりにすることは、あなた自身の成長を阻害する一番の理由にもなり得ます。これは非常に大切な点なので、くれぐれも注意してください。

少し大げさな言い方をするならば、スクラップ&ビルドを常にくり返すこと。

それができる人は強いと私は考えます。私も常にそんな自分であり続けるよう努力しています。

あなたもぜひ、この困難をポジティブに捉え、チャレンジしてください。

【理想のライフスタイルを考えてみる】

☑ あなたは 50 年後、どんな自分になっていたいですか。
そう考える理由と共に、以下に書いてください。

☑ そのためには、どんな 40 年後、30 年後、そして 20 年後を迎えている必要がありますか。
できるだけ具体的に、それぞれに書き出してみましょう。

【本章のまとめ】

☑ できること」に重きを置くことは重要だが、「やりたいこと」との距離を極小化する努力も欠かせない。そのうえで自分が働く目的を明確に言語化していく必要がある。

☑ 自分だけの目的意識を導き出すためには、テクノロジーを駆使して関連する情報をリサーチし、本質を抽象化する力が必要になってくる。

☑ 時間とお金に関する正しい認識を持ったうえで、自分が選んだメンターに全力で教えを乞う。
最初から見返りを求めることは何があってもNG。他責は多くの人の信頼を失う。

☑ 生き方は働き方と大きく重なり合っている。自分の理想的なゴールは、自分の価値観＝目的意識に合った働き方によって実現することができる。

第4章

STEP③／自分の強みを圧倒的に高める

【本章でお伝えしたいこと】

① 日本の社会では弱みをなくすことがよしとされがちであるが、これからの時代はむしろ、自分の強みを圧倒的に高めていくことが求められる。

② そのためには物事の価値を多面的に把握する力が必要であり、すべての経験からポジティブな意味を引き出す姿勢が非常に重要になってくる。

③ 理想のゴールを定めた後は、それをいかに実現するかを考える。ゴールから逆算し実現までのプロセスを具体的に定めていく。

④ 理想のプロセスとはやるべきことがルーティン化できている状態。それに向けて物事の優先順位を明確に定めることを心がける。

1．苦手の克服は最低限、大切なのは強みを伸ばすこと

日本の社会が抱える同調圧力

第4章では、自分の強みを圧倒的に高めるという3番目のステップについて見ていきます。

少し遠回りをすることをご容赦いただくならば、日本の教育はともすると、「誰もが同じことを同じようにできる」ことを重視するあまり、それぞれが持つ長所に目を向けるよりも、短所だけにフォーカスし、それをいかに解消するかを考えてきたように思います。

安直に「同調圧力」を語るのは決して好ましいことだと思いませんが、同じであることに価値を見出す発想がそうした圧力を生み出してきた事実も否定はできないところです。

テストで70点を取った子どもに対して、その事実を褒めることができない。

それどころか、失った30点の理由を厳しく追及し、自己肯定感を大きく低下させてしまう。

本来、教育に必要なのは、7割は理解できていた事実をポジティブに受け止めること、そして、次のテストでは71点、72点を目指して努力していけばよいこと、そのために何が必要かを共に考えることであるはずだと私は思います。

できていることよりも、できていないことばかりが強調される。

そのような現状は、私たち大人がぜひとも変えていかなければならない点です。

ビジネスの世界にも同調圧力はある

こうした同調圧力は、何も学校だけに限った話ではありません。

ビジネスの世界においても、特に組織の大きな大企業などでは、長い間、ジェネラリスト信仰が根強く蔓延ってきました。ジェネラリスト信仰とは、私なりの偏った表現になってしまいますが、どんなことも「それなりに」上手くできる社員を重宝する考え方です。

オール5を取れる子どもが最高に評価されるのと同じで、仕事や人間関係などの困難をソツなくこなすことのできる社員が評価の対象になってきました。

それは今も大きく変わるところがないと感じています。

よりよい結果を目指して忌憚のない議論を交わすよりは、できるだけ敵をつくらないようその場を上手く収めることのほうがよしとされる。

それがすべてだとまでは言いませんが、このような考え方が、日本の経済を弱体化させる大きな要因の1つであったことを事実です。組織の「標準」からはみ出した人間、他の誰かと同じことができない人間は「変人」「尖っている」と揶揄され、組織のなかで居場所を失っていきます。それが組織から活力を奪う大きな結果に繋がった訳です。

他方、世のなかに目を向ければ、ベンチャー企業を立ち上げるなどして、成功している人の多くは、「変人」「尖っている」と呼ばれる人たちばかりのように見えます。

もちろん、すべての人を知っているわけではありません。

それでも、これまで私が出会ってきた多くの成功者に共通しているのは、周囲からの同調圧力に屈することなく、自分自身と向き合い、いかに自分を高めるかをしっかりと考え抜き、実践する。その努力を常に怠らないという点です。

無論、自分のタイプを適切に見極め、「できること」と「やりたいこと」の重なりを最大化し、高い目的意識を備えていたであろうことも想像に難くありません。

これからの時代は強みにフォーカスする

だからこそ私たちは、強みを目指していく必要があるのです。

自分が持っている、他の人とは違った点が、これからの時代にはポジティブな価値を持ちます。

今までは「早くその欠点を直せ！」と叱られてきたことが、あなた自身の価値を、社会への貢献のレベルを高める、最高の武器へと変化する可能性が出てきたのです。

強みと弱みは常に表裏の関係あると私は考えています。

ある特性が適切なときに適切な場所で発揮されれば、それは強みと呼ばれます。他方、発揮すべきタイミングが違っている場合には、弱みという評価を受けてしまうでしょう。

そしてタイミングは常に、あなたと相手との関係によって決まります。

ここで強調しておきたいのは、タイミングが違っていたという場合、あなたにも改善すべき点はあったかもしれませんが、相手にも非がある可能性が十分に考えられるということです。

だからこそ、これからは自分だけを責めるのはやめてください。

自分のタイプを理解し、他の人にはない、あなただけの要素を強みとして常に発揮できるよう、自分を高めていくことだけフォーカスしてください。

ただし、その強みは圧倒的なレベルに達している必要があります。

先程オール5を例に挙げましたが、あなただけの強みには5というレベルを大きく超えることが期待されています。もちろん、弱みを解消しようという発想が悪いわけではありません。しかし、弱みをなくすというのはあくまで最低限のレベルです。他人と同じレベルに達したからといって、それを長所と呼ぶことなど決してできません。

大切なのは、自分自身の強み／弱みを正確に把握すること。

そして、それらが弱みとして留まっていた理由を自分なりに分析すること。

そのうえで、それらが強みとして常に発揮されるための方法を考え抜き、実践することです。

前章の最後でもお伝えしたように、強みの発揮＝理想のゴールは具体的に定める必要があります。何がどのようにできるようになれば強みが発揮できたと言えるのか。まずはその点をあなた自身がしっかりと深掘りしてください。

大切なのはやはり、いかに自分自身と向き合うかです。

強みを圧倒的に高めるための方法は、本章のこの後の記述のなかでお伝えします。ここではまず、過去の自分と向き合い、今のあなたをしっかりと言語化してください。

【自分の強み／弱みについて考えてみる】

☑ これまでの経験（学生時代も含めて）から、今のあなたにはどのような強み／弱みがあると思いますか。思いつく限り、以下に書き出してみましょう。

☑ それぞれの要素がなぜ強み／弱みだといえるのか。その理由を考えることが重要です。あなたなりの理由を、以下に具体的に書き出してみてください。

2. すべての出来事は自分の人生に必要なこと

意味は状況によって異なる

先程もお伝えしたように、あなたの強み／弱みは状況によって評価が変わります。言い換えれば、あなたの行為の意味が、それを行った場所やタイミング等によって大きく異なる場合が少なくないということです。

例えば、あなたが常にフランクなコミュニケーションを心がけているとします。それによってあなたとすぐに仲良くなれる人は多いかもしれません。あなたが話しかけたことで救われた人も少なくないことでしょう。誰とも気兼ねなくコミュニケーションを図ることができ、良質な関係を築くことのできる力は、間違いなくあなたの強みに該当します。あなたはおそらく、高いコミュニケーションの能力を持つ人と周囲に認識されることになるでしょう。

とはいえ、内心に踏み込まれるのが得意ではない人も確実に存在します。

あるいは、いつもならフランクなコミュニケーションを受け入れることができる人であっても、たまたま直近で落ち込む出来事があって、「少なくとも今は放っておいてほしい」といった場合も、経験的には決して珍しくないと思います。

そんなときに、フランクなコミュニケーションがどのように評価されるのか。

遠慮なく内心にズカズカと踏み込んでくる人だと評価された場合には、あなたの態度は明らかにネガティブな色を帯びることになります。今は放っておいてほしい人を放っておかなかった場合も結果は同じであると考えるべきです。

つまり、あなたのコミュニケーションスタイルは弱みと評価されることになるわけです。

出来事の意味も状況によって異なる

このように行為の意味は状況によって異なります。

これは人間の行為だけではなく、出来事に対しても同様に当てはまります。

その出来事と向き合う人の価値観や、その人が置かれた状況ないしはタイミングの違いによって、出来事の意味が違ってくるわけです。出来事の意味とは、その出来事が人に与える影響であったり、その出来事から人が受け取る学びや気づきであったりします。同じ経験をした人たちが、まったく同じ感想を持つことなど経験的にあり得ない。そう考えるとわかりやすいかもしれません。

例えば、目の前にあなたの大好きな食べ物が山積みになっているとします。

お腹がペコペコの状態であれば、この上なく素敵な体験になることは間違いありません。

しかし、すでにお腹が一杯の状態、もしくは体調が悪く何も食べられない状態のときに遭遇すると、今日はなんて不幸な日なんだと感じることでしょう。大好きであったはずの食べ物を、この経験がトラウマになって憎んでしまうかもしれません。

そうしたことは、これまでのあなたの人生のなかでも間違いなく起こっていたはずです。

ここであなたに考えてほしいのは、単に出来事の意味が状況によって異なるということだけでは決してありません。これまでの経験をできるだけ思い起こし、それぞれの出来事があなたにとってどんな意味を持っていたのか、そこから何を学び、どんな気づきを得ることができたのか。それをできるだけ具体的に掘り下げてください。

さらに、もう一歩思考を先へと進めて、それらの出来事が、あなたが実際に経験したのとは別の状況で起こっていたとしたら、どのような風景が目の前に広がっていたと思うのかという点にも、ぜひ意識を向けていただきたいと思っています。

出来事は常に多面的である

そうすることによって、1つの出来事には複数の意味が存在し得るという事実が見えてきます。

そしてこのことには、非常に深い意味があると私は考えています。

あなたが直接に経験し、そこで得られた意味とは異なる可能性についても考えが及ぶということ。それによってあなたの学びの可能性が格段に広がります。もしも状況が異なっていれば、これとは違う感情が芽生えていたかもしれない。そう考えることによって、異なる感情の可能性を理解し、それを感じている別のあなた自身を想像できるようになります。

そうなれば、あなたとは異なる価値観を持つ人たちの思考にも意識が向くようになります。

多くの仲間との共創を実現するためにも、あるいは、多くの仲間が待つコミュニティーへの所属を承認してもらうためにも、あなたとは異なる価値観としっかり向き合い、それらを許容する姿勢を身につけることは必要不可欠であるといって差し支えありません。

この力を身につけるのは簡単ではありませんし、１つの方法で身につくものでもありません。それでも出来事や経験の価値を多面的に捉える訓練を重ねることによって、それらが持つ複数の価値をしっかりと認識することによって、あなたは他者に対してどんどん開かれていきます。

あなたがオープンな姿勢を身につければつけるほど、あなたの価値観に共感してくれる仲間との出会いの可能性も増していくことになります。一般に過去と他人は変えられないと言われますが、あなたが意識を変えることによって、過去の見え方は確実に変わります。そうなればあなた自身とあなたの未来が確実に変わってきます。

あなたにはぜひ、そうした変化を体感していただきたいと考えています。

すべての出来事には意味がある

あなたが出来事の持つ多くの価値に気づくということ。

それはあなたが思っている以上に意味のあることなのです。気づいていなければ得られなかった学びが得られるということ。自分とは異なる考え方や評価の可能性についても考えが及ぶことで、より多くの出会いの機会も手にできるようになります。

よい出来事からはポジティブな意味を受け取ることができる。

それは多くの人に共通の認識だと思います。

しかし、問題は悪い出来事からどのような気づきを得ることができるかです。自分にとって悪い意味を持つ出来事というのはなかなか承服するのが難しいものかもしれません。しかし、それらを多面的に捉えることによって、ネガティブではない意味を見出すことができるようになります。

言い換えれば、出来事を多面的に把握することができるようになれば、すべての出来事は必ず、自分にとってポジティブな意味を持つことがわかるようになります。すべての出来事から、何かをしっかりと学び取ることができるようになります。あなたにもぜひすべての出来事がポジティブな意味を持つ世界を体験していただきたいと思います。

そこにはきっと、これまでにない素敵な風景が広がっているはずです。

ここで大切になってくるのが、物事を短期的な視野では捉えないように心がけるという点です。出来事の意味は、眺める角度によっても変わりますが、時の経過によっても意味が変化します。それを経験した当時は嫌な記憶でしかなかった出来事が、何年か後に振り返ったとき、ポジティブな意味を持って映るといったことも決して珍しくはありません。

そのような感情の変化は、間違いなくあなたの成長を裏づけているはずです。

あなたがあなた自身に対して何かを感じるというのも、1つの出来事に他なりません。そこからできるだけ多くの意味を引き出し、成長に繋げていってほしいと願っています。

3．ゴールから逆算し実現までのプロセスを言語化する

言語化は目標実現の第一歩である

あなたにとっての理想的なライフスタイルを人生の1つのゴール＝目標として設定するためには、逆算思考の活用が効果的である旨を第3章の最後のほうでお伝えしました。

ここではさらに問題意識を掘り下げていきます。

掘り下げる目的は、あなたの強みを圧倒的に高めるためのプロセスを、逆算思考を用いて明確に言語化するところにあります。目標を言語化するというプロセスを私はとても大切にしています。どこかから借りてきた言葉ではなく、自分自身の言葉を使って明確化することを意識しています。それによって最初の一歩を踏み出すことが容易になるからです。

例えば、次のテストに向けて勉強する場面を想像してみます。

ただ漠然と「今日は数学の勉強をしよう」と考える人よりも、「今日は9時から11時までの間に80ページから85ページまでの問題を全部解く」という計画を立てた人のほうが、よりスムーズに勉強に入っていくことができます。

もちろん、集中力や生産性が高まることは言うまでもありません。

成績アップという結果を残すためには、目的意識を持った学びが必要ということです。

にもかかわらず、このプロセスを疎かにする人が少なくありません。

何となく「今年なかに○○の勉強をしよう」といったレベルで、自分を厳しく律することもなく、ダラダラと進めていく。そのうちに面倒な気持ちが強くなり、当初の学びに対する意欲はどこかに飛んで行ってしまう。「空いた時間ができたらやろう」と思うだけで、空いた時間をつくろうとまでは決してしない。こうしたスタンスのままでは、当たり前のことですが、自分の強みを高めるというゴールにはいつまでたっても到達することなどできないでしょう。

こういう話をすると、多くの人が「なるほど」と頷きます。

しかし、その頷きを行動に変えることができる人は、それほど多くないのが現状です。

裏を返せば、十分に実効性のある計画を立て、着実に実践する努力を続けることができたなら、周囲に圧倒的な差をつけられる可能性が高まるということです。そのための第一歩が言語化です。

第３章での記述を思い起こしていただきながら、まずゴールを明確化し、それを実現するまでのプロセスを言語化していくのです。あなたが頷きだけで終わらないことを期待しています。

「言語化」とは何か

ここまで言語化という言葉に特段の意味を与えてきませんでした。

しかし、あなたの実践をさらに効果的なものとするためには、言語化というプロセスの解像度をもう少し上げていく必要があると考えています。

言語化のプロセスは次のとおりです。順番に詳しく見ていくことにしましょう。

①「6W2H」を活用して自ら問いを立てる
② 立てた問いに対する答えを見つける
③ 見出した答えを自分の言葉に置き換え、記録として残す

①「6W2H」を活用する

「6W2H」とは英語の8つの疑問詞を活用した1つのフレームワークを指します。

私が子どもの頃は「5W1H」と習いました。今は「6W2H」と疑問詞の数が増えています。「5W2H」もしくは「6W3H」という表現も見かけますが、どれか1つが正しいわけではなく細かな考え方の違いがあるだけです。本質は「自ら問いを立てる」ところにしかありませんので、表面の細かな違いに惑わされることがないよう注意してください。

8つの疑問詞とは次のとおりです。

「who（誰が）」「what（何を）」「why（なぜ）」「when（いつ／いつまでに）」「how（どのように）」「whom（誰に対して）」「where（どこで）」「how much/many（どれくらい）」。

「5W2H」説では「whom」が「who」のなかに含まれています。

「6W3H」説では「how much」と「how many」を分けて考えます。

これらの疑問詞を活用して、あなたのゴール実現までのプロセスを明確化していきます。「who」はあなた自身です。「what」とは理想とするゴールであり、それを実現するために必要な個々の学びやタスクに該当します。大切なのは、具体的なスケジュール（when）や方法（how）を明確に定めることです。そして、誰にメンターをお願いするのか（whom）、どんなコミュニティーで研鑽を重ねるのか（where）、どれだけ時間やコストをかけるのか（how much/many）といった点も具体的に定めていく必要があります。

これらの疑問詞の背景に常に存在しているのが「why」です。

あなたはなぜそのゴールを理想として定めたのか。なぜその人をメンターとして定めたのか。すべての問いには常に「なぜ」が深く関わっていることを忘れないでください。

「なぜ」の源泉にはあなたの価値観があります。あなたのタイプや関心があります。ここまでの学びがなぜ必要だったのか、その理由がさらにクリアになったのではないでしょうか。

②立てた問いに対する答えを見つける

あなたが何をしたいのか。どんな形で社会やコミュニティーの仲間に貢献したいのか。

それがあなた自身の軸であり、その軸がブレないように強く意識しながら、立てた問いに対する答えを見つけていきます。

答えを見出す際に注意しなければならないのは「一貫性」です。

疑問詞は全部で8つあります。それぞれの疑問詞に対応する問いが存在し、個々の問いに対する答えが個別に存在します。一貫性に対する意識が欠けていると、個々の答えがバラバラの状態で、全体として1つのプロセスに組み上げることができない危険性があります。

1つひとつの答えは素晴らしくても、全体を俯瞰すると絶対に実行できないものになっている、そんなケースを目にすることが多くあります。

どんなに素晴らしい計画であっても、実行できなければまったく意味がありません。だからこそ一貫性を意識し、実効性のある答えを見つけてください。

③見出した答えを自分の言葉に置き換え、記録として残す

すべての答えが、あなた自身のなかから出てくるとは限りません。

メンターを始めとして、あなたの外部に答えを求めるケースは当然にでてくるでしょう。

もちろん、それが悪いということではまったくありません。すでにお伝えしたように、リサーチはむしろ徹底的に行ってほしいと思っています。

問題なのは、外部から得られた答えを、そのまま自分の答えにしてしまうことです。それでは、他ならぬあなた自身に対して説得力がなくなってしまいます。苦しいかもしれませんが、「なぜ」をしっかりと活用してあなた自身の言葉に置き換えてください。

記録の重要性については前述のとおりです。ここでもしっかりと徹底してください。

【「６W2H」を活用してみる】

☑ ここまでの学びを踏まえて、現時点におけるあなた自身のゴールとプロセスを、「６Ｗ ２H」活用して記述してください。

Who（誰が）：あなたが

What（何を）：

When（いつまでに）：

How（どのように）：

Whom（メンター）：

Where（コミュニティー）：

How much/many（コストと時間）：

Why（なぜ）：

4．優先順位を明確にし、行動を習慣化する

物事には最適な順番やタイミングがある

限られた時間やコストのなかで、ゴールまでのプロセスを確実に実践するためには、個々の行動の優先順位を明確化する必要があります。

ここまで、生産性や効率という言葉をくり返し使ってきました。

高い生産性や効率を発揮する方法は必ずしも1つではありませんが、優先順位の明確化はかなり効果的な武器であると私は考えています。出来事や経験の意味は状況によって変わると言いました。学びだけではなく自分を高めるために実践することのすべてが、あなたにとっては出来事であり、経験であると言って差し支えありません。

つまり、どのような状況で学ぶかによって、学びの意味も効果も違ってくるということです。

残念ながら、こうした点についての理解が十分ではない人をよく見かけます。

やることが同じなら、いつどこでやっても結果は変わらないはず。もちろん、なかにはそのようなケースもあるとは思います。それでも、じっくりと本を読みたいときに、満員電車のなかで読むのと、静かで落ち着いたカフェで読むのとでは、理解の度合いは大きく異なるはずです。

あるいは、スポーツのトレーニングなどでも事情は同じです。

昭和の時代はうさぎ跳びに効果があると多くの人が信じていました。しかし、現代では、膝への負担が大きく期待した効果は得られないとほとんどの人が理解しています。時代（時期）によって経験の意味が異なる1つの典型的な例ではないかと思っています。

だからこそ、物事には順番やタイミングが重要だと考えるべきなのです。

いかに優先順位を定めるのか

そうなると、どのように優先順位を定めたらよいのかという次の疑問が湧いてきます。

しかし、残念ながら、この疑問に対する唯一の解というものは存在しません。

やるべきことは人によって異なります。仮に同じことをするとしても、能力や経験値はもちろん、タイプや関心もそれぞれに違っています。こうした違いを無視して1つの答えを無理に出すことに大きな意味があるとは思っていません。

優先順位を決めることができるのはあなただけです。

裏を返せば、優先順位を決めるだけの力が身についていれば、あなたの強みはかなりのレベルで高まっているはずです。そこに至るまでには当然のことながら、多くの試行錯誤があるでしょう。

何度も失敗をくり返しながら、自分なりの優先順位が見えてくればよい。私はそう思います。

自分にとって、仲間にとって、ある種のタスクがどんな意味を持っているのか。こうした観点は「重要度」という1つの判断材料として理解することができます。

あるいは、締め切りのあるタスクが典型的ですが、やるべきタイミングが事前に定められているケースも存在します。こうしたケースの優先順位については、「緊急度」というもう1つの観点から判断していくことになります。

一般には「重要度」「緊急度」という2つの軸を活用して、それぞれのタスクや学びの優先順位を定める場合が多いと言えます。あなたも1つの参考にしてください。

なお、ここでも重要になってくるのが「why（なぜ）」です。

なぜ優先順位をそのように判断したのか。その問いを自らに対して常に投げかけながら、最適なタイミングを模索し続ける努力が必要になってきます。

すべての根底には「なぜ」があるということを、ここでもご理解いただければ幸いです。

最強なのはルーティン

ここまで、優先順位をいかに定めるかという観点でお伝えしてきました。

しかし、あなたにとっての最強の武器は、実は優先順位を適切に決めることではありません。

優先順位づけを超える最強の武器とは習慣化です。あなたがやるべきことをルーティンとして、ほとんど無意識に近い感覚で実践できるようになることです。意識してやってきたことが、ある日無意識の内にできるようになっている。あなたもそんな経験をしたことがあるはずです。

私も昔、サッカーの練習などを通じてそんな経験を何度もしてきました。

意識して打たなければ決まらない角度からのシュートが、何度も練習を重ねている間に、自然と打てるようになっている。それはとても喜ばしく、充実感を覚える瞬間でもありました。

にもかかわらず、ルーティンをバカにする人は少なくありません。

そして、上手くいっていない人に限って、ルーティンを軽視する傾向が強いと感じています。ルーティンという言葉に「詰まらないこと」という感覚があるのかもしれません。私自身はそう思わないので、正確なところはわかりません。

しかし、寝る・食べる・排泄するといった人間の生存にとってのもっとも基本的かつ欠かせない行動はすべて無意識の内に実践しているルーティンです。ルーティンとはそれだけ本質的であり、重要なものだと考えるべきではないでしょうか。

意識してやっていたことが無意識的にできる。

そうなれば、意識するところから実践に至るまでのプロセスを割愛することができるわけです。それがどれだけ生産性の高いことか、あなたにもきっと理解できるはずです。

だからこそ私はルーティン最強説を提唱してやまないわけです。

デジタルとアナログ

最後に、最強のルーティン化をいかに実現していくかという点について見ていきます。

ここで重要になってくるのが、デジタルとアナログという２つの観点です。

ここでいうデジタルとは、やるべきことがルーティンになっている状態を指します。身につけるもの、食べるもの、寝る時間、起きる時間。多くの生活習慣が決まっているとムダに考える時間が少なくなります。それがあなたの生産性を大きく高めることは前述のとおりです。

他方、アナログとは、最適なタイミングや方法が未だ明確には定まっていないなかで、最適な解を定めていくためのプロセスを意味しています。

最適解を見つけるためには、試行錯誤を重ねながら、時には外部にヒントを求めるなど、持てる手段を総動員する必要があります。現代は「VUCA時代」とも呼ばれる予測困難な時代ですが、前例踏襲が通用せず、新たな最適解を発見していかなければならない現状において求められるのがアナログを実践する力なのだと私は考えます。

これ以上の詳細に立ち入るのはまた別の機会にしたいと思いますが、いずれにせよ大切なのは、アナログによって見出した答えを洗練し、デジタルに変えていくという発想です。

未だ習慣化できていないことを、試行錯誤を重ねてルーティンへと落とし込んでいく。

1つのルーティンはいずれ陳腐化していきますので、この努力は不断のものと考えるべきです。その努力に耐えるだけの力が身についているということは、ここでも逆説的な表現にはなりますが、あなたの強みが圧倒的に高まっていることの証拠になるはずです。

最初から「強みを高めよう」と目指すよりも、優先順位や習慣化に向けて取り組むことのほうが、より大きな効果をもたらすことをご理解いただければ幸いです。

【習慣化に向けて優先順位を考えてみる】

☑ここまでの学びを踏まえて、まずはあなたがやるべきことの優先順位を明確化してみましょう。なぜその順位にしたのか、理由についても忘れず考えてみましょう。

□

□

□

□

□

□

□

【本章のまとめ】

☑ 強みと弱みは常に同じコインの表と裏である。日本社会の同調圧力に負けることなく、弱みとされてきた要素のなかに、ポジティブな意味を見出していくことが重要である。

☑ すべての出来事は多面的である。ネガティブな出来事にも必ずポジティブな意味が存在する。多様な可能性に対して自らをオープンな状態に保っておくことを心がける。

☑ ゴールからの逆算の際には、「6W2H」のフレームワークをしっかりと活用する。特に「なぜ」はあらゆる場面において必要となる点を十分に心得ておく。

☑ 物事にはすべて最適なタイミングがある。最適なやり方＝優先順位を明確に定め、それらをくり返し実践するなかで、最強のルーティンへと昇華させていく。

第5章

STEP④／自分が共感できる仲間を見つける

【本章でお伝えしたいこと】

① 共感できる仲間は、自らの強みや関心と似たものを持っている。関心が向く場所はどこなのか、どこで強みを発揮できるのか。質のよい接点を見出していく。

② 社会との良質な接点の周囲には、いくつものコミュニティーが存在している。それらにできるだけ多く参加することが、よい仲間づくりのカギを握っている。

③ コミュニティーに参加してからが本番である。常に他者への貢献の意識を持つことが、コミュニティーから信頼され、真の意味での共創へと近づく道である。

④ 共創の根底には常に仲間へのリスペクトがある。互いにリスペクトし続けるためには個としてのスキルを圧倒的に高めておく必要がある。

1．自分の強みや関心と社会との接点を見つける

共感はすべての関係者との間で必要になってくる

４つのステップの最後は、自分が共感できる仲間を見つけることです。

どんな仕事もあなた１人では完結することがありません。企業などの組織に所属していなくても、仕事とは常にチームで行う「団体競技」です。仮にあなたがフリーランスとして仕事をしていて、発注者とは1対1の立場だったとしても、発注者とあなたは1つのチームを形成しています。

だからこそ、仲間との関係性というものが非常に大切になってきます。

これは理想論なのかもしれませんが、仕事の依頼者とも共感できる関係にあることがベストです。価値観が合わない相手との仕事は、経験的にはあまりよい結果を生み出しません。成果物の質よりも、いかに安く済むということばかりを気にする人。さらに手強いのが、「成果物の質は高く、しかし対価はできるだけ低く」を求めてくる人。そして、いかに料金を下げられるかという観点での交渉を仕掛けてくる人。

こうした方々に対して私自身はほとんど共感することができません。できれば一緒に仕事をする機会がないことを願っています。余談になるかもしれませんが、重要な論点を含んでいますので、その理由について少し踏み込んだお伝えしたいと思います。

成果物の質と対価は裏腹の関係にあります。どちらか一方だけが、極端に高い／低いということがあってはならないはずだと私は考えています。

値決めをするのは自分ですが、価格は基本的に発注者が成果物に見出す価値によって決まります。受注者は価値に見合った金額を請求し、発注者は納得してその額を支払う。この関係がスムーズに行くためには、発注者と受注者との間に共感がなければなりません。

先程のような方々との間に、共感が生まれる可能性が極めて低いと言わざるを得ません。

共通のコミュニティーに所属し、共に成果物＝価値を共創していくメンバーに加えて、発注者などすべての関係者との間にも共感を見出していく。共感で結びついたすべての関係者のことを仲間と呼ぶことができます。あなたが見つけるべきはこうした仲間に他なりません。

仕事は常に社会と結びついている

共感によって結びついた仲間をどのように見つければよいのか。

この疑問を解消していただくことが本章の目的です。仲間づくりにとっての重要なポイントを、今から順を追って見ていくことにします。その1つ目が、あなた自身の強みや関心をいかに社会と結びつけていくのかという点です。

もちろん、仕事は常に社会と結びついています。あなたが誰かに価値を提供するという行為は、社会との接点がなければ実現不可能です。

その意味では、いかに質のよい接点＝結びつきを見出していくのか、という問題意識を示すほうが適切であるように思います。あなたの強みや関心がもっとも威力を発揮する場所とはどこなのか。あなたの喜びがもっとも大きくなる場所は一体どこにあるのか。そうした場所を見つけることで、より質の高い結びつきを生み出すことができるでしょう。

良質な接点を見出す際に重要になってくるのがニーズです。

社会には様々なニーズが存在し、価値観が多様化する一方の現代において、その数は日々確実に増えていると考えるべきです。しかも、個々のニーズが生まれては消えていくスピードが以前とは比べ物にならないほど早くなっています。このような状況のなかで、質のよい接点＝あなたの強みや関心と大きく重なり合うニーズを発見することは決して簡単ではありません。

だからこそ、それを発見できたときには強力な武器を手にしたことになるのです。

ビジネスの成功要因は数多くあるとしても、私自身が考える最強の武器は人です。共感によって深く結びついた仲間こそが、そのなかでも最高の力を発揮してくれます。この点だけは、今後さらにテクノロジーが進化していくとしても、絶対に変わらない点だと信じています。

量を意識したリサーチによってニーズを発掘する

良質な接点を見つけるためには、できるだけ多くのニーズに触れることが大切になってきます。

言い換えれば、質よりも量を意識したリサーチが必要になってきます。

多くの人が、できるだけ「効率よく」自分に合ったニーズを発見したいと考えます。生産性を重視する姿勢はもちろん評価すべきなのですが、最初から質だけを追求すること自体が本当に高い生産性を発揮する行為なのかと言われれば、私自身の答えはＮＯです。

質の高いリサーチは、それ自体が1つの高いスキル＝熟練の技であって、多くの試行錯誤の後に到達できる境地です。念のために補足しておくと、マニュアルなどに書かれているような手法は、それを読めば誰もが再現できるという点で「テクニック」という言葉を充てるのが適切です。

そこにたくさんの試行錯誤が加わり、人格が投影され、熟練の技へと磨き上げられていきます。この状態に至って初めて、「スキル」という言い方が許されるわけです。

ここまで何度もスキルという言葉を使ってきましたが、背景にはこのような認識があることを、ぜひここでご理解いただきたいと思います。

ニーズを発見する訓練を重ねることで、あなたのリサーチ力は格段に高まります。

質の高いニーズの発見には、こうしたプラスの効果が伴うことも、ぜひ知っておいてください。

そして、社会のどこで、誰が、どのようなニーズを持っているのかを徹底的に調べてください。あなたがリサーチすべき社会とは、何も日本だけとは限りません。今は海外の情報も比較的簡単に検索できる時代です。最初から限界を設けることなく、広い視野を持って取り組んでください。

そうすれば必ず、あなたの強みや関心と大きく重なる場所が輝いて見えてくるはずです。

そして、その周辺には必ず、共感で結びつくことのできる仲間が隠れているはずです。

【社会のニーズを徹底的に調べてみる】

☑ ここまでの学びを踏まえて、世のなかにあるできるだけ多くのニーズを調べてください。そのうえで、あなたの強みや関心と重なる部分が大きいものを書き出してみましょう。

□

□

□

□

□

□

□

2．接点の周りにあるコミュニティーに積極的に参加する

同じ場所には親和性の高い人たちが集まる

前項に最後に、良質な接点の周辺には必ず共感で結びつくことのできる仲間たちが隠れていると書きました。あなたの強みや関心と大きく重なる場所に集まってくる人たちです。あなたのものと同様の強みや関心を持っていると考えるのが自然です。そうした人たちとの間に共感が生まれると考えてまったく差し支えありません。

あなたの強みや関心との親和性が高ければ、社会に提供したい価値にも親和性があるはずです。だからこそ多くのものを共創していける可能性が生まれるわけです。

その意味で、多くの社員が共通の理念の下に集っている組織は大きな可能性を秘めています。企業の規模に関係なく、「その企業で働くことに喜びを感じている」仲間が多く集まった組織では共創の可能性が高まると言えます。日本の企業、特に大企業の多くは元気がないと言われますが、もしかしたらその背景には、理念に対する共感の欠如／不足という問題があるのかもしれません。それだけ、志を同じくする人間を「集める」のは難しいとも言えます。

それに比べると、強みや関心を同じくする仲間たちが「集まる」可能性のほうが、はるかに高いと私は考えています。自発性の有無は1つの大きなポイントであると感じています。

もちろん、そのためには、ここまで見てきたように、自分という人間と向き合い、強みや関心を深く掘り下げ、自分を圧倒的に高めようと努力していることが必要不可欠です。そのような努力を重ねてきたあなただからこそ、相手の心のなかに共感を呼び起こすことができるわけです。

そして、相手も同じ努力を重ねてきている場合には、あなたのなかにも深い共感が生まれます。

一定の努力を重ねてきた人同士だからこそ、自発性を身につけ、それを発揮することができる。

さらには、相手に対する深い共感を、お互いに抱くことができる。

だからこそ、「集まる」コミュニティーのほうに大きな可能性を感じるのだと言えます。

自分から進んでいくことが大事

とはいえ、何もせずに自然と「集まる」ことができるわけではありません。

自発性という言葉でくり返しお伝えしたように、自ら行動を発揮することが必要になってきます。

あなたが取るべき行動とはもちろん、その場所に向かって進んでいくことです。相手からあなたに近づいてきてくれるのを待つのではなく、自分からどんどん相手に近づいていくのです。

それこそがまさに、コミュニティーへの参加に他なりません。

あなたが良質な接点を最初に見つけた人物である場合には、まだ誰もその場所には来ておらず、コミュニティーが形成されていない可能性もあり得ます。しかしほとんどのケースでは、すでに多くの人たちがそこに集い、いくつものコミュニティーが出来上がっているはずです。

あなたはそこに向かって前進していかなければなりません。

そして、あなたという人間を深く理解してもらう必要があります。同時に、コミュニティーのなかの人たちを、あなた自身が深く理解する必要があります。

コミュニケーションにおいては一般に、関係構築を望む側から切り出す必要があると言われます。

誰かと仲良くなりたいと思ったら、自分から声をかける必要があるということです。好きな相手がいるのに告白できない人は、いつまでたっても関係を深めることができないのと同じです。

あなたが誰かと共創したいと願うならば、共に価値を提供する仲間を共感し合いたいのならば、自分から仲間となる可能性がある人たちとの接点を構築していかなければなりません。

セミナーに参加しても、誰とも関係を築けない人が稀にいます。

理由は必ずしも明確ではないのですが、「何だか恐れ多くて……」と口にするケースが多いように感じています。言うまでもなく、そうした人が成功する確率は非常に低いものとなります。共感が生み出す可能性を自ら閉ざしてしまっているからです。

参加すべきコミュニティーは１つだけではない

自分から勇気を振り絞って最初の一歩を踏み出し、あるコミュニティーに参加したからといって、１００％の確率で上手くいく訳ではまったくありません。

むしろ、そうならない確率の方が圧倒的に高いと言うべきでしょう。

大切なのは、1度の失敗では絶対に諦めないことです。

2度、3度、納得のいくまでいくつものコミュニティーを訪問し、自分が心から共感できる仲間が見つかるまで、あなた自身の歩みを止めないことです。

似たようなことを考えているからといって、すべて共感に繋がるわけではありません。

共感がそんなにも簡単なことであるのならば、わざわざ本書を通じて、その大切さをみなさんに伝える必要もないでしょう。私自身、今の場所に辿り着くまでに、本当に多くの人に会いました。覚えられないほどたくさんのコミュニティーに参加しました。

上手くいくことよりも、そうでない場合のほうが、最初のうちは圧倒的に多かったです。

それでも、いくつものコミュニティーに参加し、たくさんの人たちと接点を重ねることで、物事の見え方が次第に変化してきます。ここが自分に適した場所なのか、この人たちとの間に、心からの共感が本当に生まれるのか。少しずつ可能性が見えてくるようになります。

人とのコミュニケーションもスキルです。

多くの試行錯誤の果てに、あなた自身の人格が投影され、熟練の技に近づくのです。

もしかしたら、最初は恥ずかしい思いをすることもあるかもしれません。しかし、それも1つの学びであり、かけがえのない経験です。あなたの可能性を広げるための糧となるものです。

だから、恐れることなく前進してください。

どこかに必ず、あなたの訪問を待っている人たちがいると信じて。

Metro
Taxis
WORLD CUP

3. 実利よりも理念を大切にする

コミュニティーに参加してからが本番

ここからは、コミュニティーに参加した後に留意すべき点をお伝えします。

あなたは十分に理解されているだろうと期待していますが、コミュニティーに参加すること自体が目的なのではなく、それはあくまで、より大きな価値を生み出すための手段に過ぎません。

よく言われることですが、手段と目的とを取り違えてしまう。

日本の企業ではおなじみの光景かもしれません。例えば、何か問題が起こったとき、マニュアルやルールをつくって再発防止に備える。もちろん、そうした対応自体は間違いではありません。しかし、つくっただけで終わり、後は何も変わらないといったケースが本当に多いと感じています。

同じトラブルをなくすという目的を忘れてしまい、手段を構築することで満足してしまう。

これは何も企業だけの問題ではなく、セミナーなどに参加する個人についても当てはまります。

参加しただけすべてが上手くいくのであれば、世のなかのセミナー参加費用はとんでもない金額へと跳ね上がることでしょう。

参加はあくまで1つのきっかけに過ぎず、そこでいかに気づきを得るかが問題です。

そして何より、気づきを行動変容へと繋げていかなければなりません。

勉強会や研修への参加、読書などの取り組みを自己啓発と呼びます。文字通り、自らを導いて、ステップアップするための活動ということです。

大切なのは自己啓発に取り組んだ後＝「導かれた」後であり、ここからが本番なわけです。にもかかわらず、多くの人がこのことを忘れてしまいます。

そして、明らかに取るべきではない行動をくり返し、自分自身はもちろんこと、コミュニティーの信用をも大きく傷つけてしまう。そんなケースが少なくありません。

実利＝お金だけに心を奪われてしまう

そんなケースの典型が、目の前のお金だけに心を奪われ、仲間とのコミュニケーションもすべてお金の話題に終始してしまう。もっと具体的に言えば、自分にとって利益になるかどうかといった観点で物事の是非を判断してしまうといったものです。

先に言っておきますが、そのような状態では絶対に上手くいきません。

自分の利益だけを優先させる人に共感を覚える人は、少なくとも質の高いコミュニティーのなかには１人もいませんし、実利だけを巡って共感が生まれるコミュニティーがあるとすれば、それは絶対に避けるべき質の低いコミュニティーであると言えます。

昔から「金は天下の回り物」と言います。

正しくお金を使えば、いつか自分のところに質のよいお金として帰ってくるという意味です。

正しくお金を使うということは、正しい目的のために使うということです。社会に対して大きな価値を提供するため、深い共感で結ばれた仲間との共創のためにお金を使うということです。

そこに「自分だけの利益のために」という発想は微塵もありません。

これまで私が出会ってきた成功者たちは、誰もが驚くほど高い奉仕力を身につけています。

自分の成功のためではなく、相手の成功のために時間もお金も使います。コミュニティーのために自分ができることはないかと常に考え続けています。そして、仲間の成功を自分事のように喜び、次はさらに大きな成功を手にできるよう全力でサポートしたいと考えます。

だからこそ、多くの人がその人の下に集まり、コミュニティーの質が向上するのです。

経営者として、事業者として、ビジネスで成功を収めるためには、実利ではなく他者への貢献を追い求める。成功するためにサポートするのではなく、共感をもとにサポートする。それこそが、最強の成功法則なのではないかと思えるほどです。

それは私自身にとっても、非常に大きな教訓となっています。

意識は日々の行動の細部に表れる

よく「神は細部に宿る」といいます。

この言葉が用いられるのは、比較的ポジティブな文脈が多いと感じています。

しかしながら、ここではあえて、ネガティブな文脈と紐づけてみたいと考えています。あなたにお伝えしたいのは、私がある講座に参加したときのエピソードをお伝えします。参加してからもうかなり時間が経っているにもかかわらず、「細部」の記憶が鮮明に残っているからです。

会場は土足厳禁。入り口で靴を脱ぐ必要があります。

まず私の目に入ってきたのが、靴がバラバラに散らばっている光景でした。なかに入るとトイレのドアも開けっ放しになっています。会場内のイスの配置も乱れていました。

誰も揃えようとしないというよりは、揃えるという意識がないように感じました。休憩時間に部屋を出入りする際にも、ほとんどの人がバタンと大きな音を立ててドアを閉めます。

普段はあまり細かなことを気にしない私ですが、その音の大きさには正直なところ辟易しました。

他の参加者がどのように感じていたかまでは、確認していないのでわかりません。ただ、お互いに対する気遣いのようなものは最後まで感じることがありませんでした。

実体のない精神論のようには理解してほしくないのですが、この時のエピソードは、私にとってとても象徴的な意味を持っています。

日常の生活態度とビジネスの成功可否は深く結びついている。

このことを典型的に示しているのが先の講座での体験です。日々の行動の細部からビジネスでの成功可否を概ね正確に読み取ることができます。

日頃から他者の目線に立つことができているか。

他者の価値観を許容し、気遣いや配慮という形で具体的に示すことができているか。

成功者の奉仕力とも繋がる話ですが、他者への気遣いや配慮に欠けている人が成功する確率は、限りなくゼロに近いと考えています。

本人の資質に問題があるという点も事実ではあります。

しかし、それ以上に大きなインパクトを持っているのが、気遣いや配慮の気持ちを欠いた人にはよい仲間ができないという点です。強みや関心が重なり合うことが共感の条件であると言いました。

しかし、それらの大前提として、他者に対する配慮や気遣いの気持ちがなければなりません。

よい仲間ができなければ、大きな価値を共創することができません。

だからこそ、気遣いや配慮を欠いた人は成功からどんどん遠ざかっていくわけです。

同調圧力にはよい側面もある

最後に、同調圧力の問題に少し触れておきたいと思います。

すでにお伝えしたように、日本の社会における同調圧力は、これまで私たちにネガティブな影響を与えてきましたし、これからもそうした影響は残り続けるでしょう。だからこそ、自分ならではの強みや関心を大きな武器として、大切な仲間と出会い、社会に対して貢献できる方法を模索する、そのような生き方が大切だとされるわけです。

とはいえ、同調圧力にはよい側面も存在します。

こうした点を理解することで、多面的な把握する力が養われることにもなります。

同調圧力のよい側面とはどのようなものなのでしょうか。

私なりに思うところでは、「私たち」という考え方には参考になるべき部分が多いと言えます。

日本の文化は「Ｗｅ（私たち）」の文化であり、欧米をなか心とした「Ｉ（私）」の文化とは一線を画しています。「私ども」という言い方をすることで、あえて個人を際立たせない。それが責任感の欠如に繋がると悪い側面になってしまうのですが、例えば、個人攻撃をできるだけ回避するという気遣いや配慮に繋がる場合には、ポジティブな側面が浮かび上がってきます。

あなたはかけがえのない一個の存在です。

コミュニティーの仲間１人ひとりもまた、それぞれにかけがえのない一個の存在です。

ここまであえて違いを強調してきましたが、俯瞰して生物学的に眺めれば、共通する部分のほうが圧倒的に多いわけです。こうした「私たち」という共通点を意識することによって、互いに対するリスペクトの念が芽生えてくるように思います。この気持ちは必然的に共感へと繋がり、所属するコミュニティーの可能性を大きく広げてくれることでしょう。

特に近年は、個人主義がやや強調され過ぎているように懸念しています。

そして、本書がそうした流れに位置づけられるのは、私にとって必ずしも本意ではありません。何事もバランスが大切なのだと常々思っています。自身の視野を広く保ちたいですし、そのような仲間と多く出会いたいと思っています。

あなたもそうした１人であるとすれば、とても嬉しく思います。

4．自分たちの仕事が社会にプラスの価値を提供する

共創のベースとなるのはリスペクト

私たちの仕事は常に、社会に対してプラスの価値を提供するものであるべきです。残念なことに、なかにはマイナスの結果をもたらしてしまうケースも存在します。日本でも薬害や公害が多発した時期がありました。近代という時代は、日本に限らず、地球上に共に暮らす多くの動物や植物、環境や資源に深刻なダメージを与えてしまいました。

これらはすべて、プラスの価値提供を目指した仕事の負の側面です。もちろん、そうした仕事はプラスの価値をも提供したことでしょう。しかし、それ以上に大きなマイナスの結果を引き起こしてしまう場合も少なくなりません。

だからこそ、私たちは今、ＳＤＧｓのような大きな課題を向き合っているわけです。同じコミュニティーに所属する仲間たちは、常に社会にプラスの価値を提供するという意識を深く共有していなければなりません。同時に、マイナスの副作用をいかに減らすかという点についてもしっかりと意識を向けていかなければなりません。ここにも、先ほどお伝えしたようなバランスに対する意識が存在していると言えます。

こうした意識を共有しているからこそリスペクトが生まれるのです。

お互いに対するリスペクトこそが共創を支える基礎となるべきものであることを、ここで十分にご理解いただきたいと思います。あなた自身に目を向けてみればよくわかると思いますが、尊敬の念をまったく抱けない相手とは、何かを共に築き上げることなど決してできないはずです。

共感がリスペクトへと昇華した時、真の意味での共創の可能性が広がる。

少し大げさな物言いにはなりましたが、私は心からそう思っています。

共創とは「掛け算」である

共創とはある意味、「掛け算」に例えることができます。

とはいえ、「１＋１が2にも3にもなる」という言い方もあるように、「足し算」と理解するほうがむしろ適切なのではないかというご意見もあるかもしれません。何より、１×１の答えはどれだけくり返しても1にしかならず、2には絶対に届きません。

にもかかわらず、掛け算を推す理由はどこにあるのでしょうか。

共創を掛け算に例えるとき、個のスキルが圧倒的に高い状況を前提としています。

もっと具体的に言うならば、個の力を数値化した時に、全員が1を超えている必要があります。

そのような状況が整っているときには、掛け算をくり返す度に積は大きくなっていきます。そして、メンバーのスキルに正比例する形で、コミュニティーの力は大きくなっていきます。個としての力を圧倒的に高めなければならない理由が、ここでさらにクリアになったものと思います。

サッカー好きではない人には伝わらないかもしれませんが、スペインでも指折りの強豪クラブ・FCバルセロナの黄金時代。深く入り込むと止まらなくなるので詳細は割愛しますが、ポイントを端的にお伝えするならば、個々のスキルが圧倒的に高く、しかも、自分が役割を発揮すべき場所を明確に理解している。言い換えれば、チームへの貢献の意識や責任が明確になっている。そのうえで選手同士がお互いをリスペクトし、助け合うわけです。

こうしたことのできるチームが強くならないわけがありません。

「弱者連合」にはならないこと

黄金期のFCバルセロナは、選手全員のスキルが1を大きく超えていました。

そうでなければ、そもそも所属することができないレベルのクラブです。

それでも、チームが機能せず結果が出ない場合も当然にあります。そのようなケースでは概ね、何らかの理由によって、選手間のリスペクトが損なわれています。だからこそ、共創の力が十分に発揮されず、結果に繋がらなかったのだと言えます。

こうしたケースを引き合いに出して、意識の重要性を必要以上に強調する人がいます。

しかし、厳しい言い方にはなるかもしれませんが、そこにはある種の逃げが含まれているように私は感じます。そもそも、全員のスキルが1を超えていなければ、掛け算としての共創を議論する土壌が整っていないと言うべきです。意識の問題を論じる場面ではないということです。

１未満のスキルをいくら掛け合わせても、答えはどんどん目減りしていくばかりです。あなたのスキルの力が０・９であっても、あなたが関わる仕事のアウトプットの質は、どんどん低下していく恐れがあるということです。

こうした現実を受け入れるのは辛いことかもしれません。

しかし、この辛さを乗り越えなければ成長はあり得ません。

個としてのスキルを高める努力をする前に意識だけを問題にし、お互いを助け合おうとするのは一種の「弱者連合」のようなもので、お互いの傷を舐め合っている姿を私は想像します。

自分の力が弱ければ相手の強みを減らすことになる。

だからこそ、メッシにはたくさんのパスが集まるわけです。個のスキルが圧倒的に高い選手は、チームを勝利へと導く可能性が高い＝積がどんどん大きくなるからです。

あなたは何があっても、「弱者連合」に飲み込まれることがないよう留意してください。

大切なのは決断を諦めないこと

あなたが「弱者連合」の一員になるのを回避するためには、決断するしかありません。

常に正しい行動を取るよう、自らに言い聞かせる。常に決断の結果が正しいものであるように、自分を厳しく律する姿勢が求められているわけです。

まさに「継続は力なり」のとおりであり、厳しい決断の連続に耐える力を身につけましょう。

そのような決断をくり返すことによって、成功の確率が高まります。
それはあなた自身の問題には留まらず、あなたの周りにいるコミュニティーのメンバーに対しても大きなプラスの影響を与えることになります。

言い方を換えれば、あなたの力に巻き込まれていくことになります。

にもかかわらず、決断の連続を途なかで諦めてしまう人が少なくありません。

諦めてしまう要因はいくつかありますが、周囲からのネガティブな評価による場合は多いように感じています。典型的なのは「親や友人が心配しているから」というものです。もちろん、家族や友人をないがしろにしてよいということではありません。しかし、心配に代表されるネガティブな意見は、あなたが諦めてよい理由には決してなりません。

心配が強い場合には、結果を示して安心させる以外に方法はありません。

あなたが成功している姿を見せる方が、やろうと思ったことを途なかで諦めるよりも、大切な人をずっとずっと安心させられるのではないでしょうか。あなたが成功することでネガティブな意見はほとんどなくなるでしょうし、成功した後に寄せられるネガティブな意見に対しては、基本的には無視するという態度で接することで問題ありません。

ここまで、あなたが成功するための4つのステップについて学んできました。

どれもがこれからのあなたにとって重要なものばかりです。多くの試行錯誤を重ねなることで、あなただけのかけがえのないスキルへと高めていってください。

【本章のまとめ】

☑ 仕事は常に社会と結びついている。たくさんの接点から、自分にとって、もっとも喜びが大きい場所を見出す。そこには共感できる可能性を持った人々が多く存在している。

☑ 1つの接点だけで上手くいくことはない。失敗しても諦めずに、できるだけ多くのコミュニティーに参加すること。その経験が、あなた自身のスキルを高めることにも役立つ。

☑ ビジネスでの成功は日常生活の態度でわかる。自分だけの利益を追求する生き方は回避して、他者への気遣いや配慮の気持ちを常に持ち続けることが大切である。

☑ 共創のできる人になるためには、個のスキルを高めることが何よりも重要である。スキルへの信頼があるからこそ、共感やリスペクトが生まれてくるのだと心得る。

第6章　共感をベースにスキルを高める4つの成功法則

【本章でお伝えしたいこと】

法則①　観察力を磨くためには俯瞰すること。自らを常に俯瞰することによって理解が深まり、ストレスなく生産性の高い働き方を実現することができる。

法則②　すべてのことから学ぶ姿勢を持つためには、1つの出来事のなかから複数の意味を引き出すこと。ポジティブな意味を自らの力に変えていくことができる。

法則③　納得感を持って成果が出るところにフォーカスするには、俯瞰に加えて、仲間からの声にも耳を傾けること。そして、コミュニティーのレベルアップにも貢献すること。

法則④　「今」という環境で120％努力するためには、かけがえのない今日というの重みを、心の底から理解すること。そして、成功するための覚悟をしっかりと固めること。

法則①／観察力を磨く

すべての根幹にあるのは「事実」

さて、本書もいよいよ最後の章となりました。

本章ではここまでお伝えしてきたことを再構成し、スキルアップを目指すあなたを成功へと導く４つの法則という形でお伝えしていきます。これらをしっかりと実践することで、理想の自分へと近づく可能性が格段に高まります。

一番目の法則は「観察力を磨く」です。

何かを考える際に、あなたがベース＝根拠とすべきものは常に「事実」です。そして事実とは、ただ漠然と理解できるものではなく、意識を集中して観察しなければ把握することができません。

一番怖いのが「何となくわかっているつもり」になることです。この状態のままでは、いつまでに何をどのように鍛えていくのか、といった点はまったく見えてきません。

例えば、何かの問題を解決する場合には、理想と現実とのギャップを正確に測る必要があります。問題とはまさに、「理想と現実とのギャップ」そのものだからです。そして、どれだけ素敵な理想をあなたが掲げていたとしても、現実が見えていなければ問題を正確に特定することができません。

私たちにとっての仕事とは、ある意味では問題解決の連続です。お客様の現実を理想へと近づける。満足するお客様が増えることで社会が少しずつ理想の形へと近づいていく。あなた自身もまた、理想の自分へと近づいていく。だからこそ、事実をしっかりと観察する力が必要不可欠なのです。

観察とは俯瞰すること

事実にはいくつもの側面があります。

言い換えれば、1つの事実には複数の異なる価値が含まれています。

事実を正確に観察するとは、これら複数の価値の存在をしっかりと認識することに他なりません。最近は「多角的・多角的に物事を捉えることが大事である」などとよく言われますが、その目的は複数の異なる価値をしっかりと認識する点にあるわけです。

ここであなたに質問です。複数の価値をしっかりと把握するためには、どこから事実を眺める必要があるでしょうか。

正解は「できるだけ高い場所から眺める」です。

もちろん、エベレストの頂上など物理的に高い場所にのぼってくださいということではありません。ここで言う高さとは象徴的ないしは概念的なもので、高いところから物事を見下ろしている自分をイメージする必要があるということです。

このように観察することを「俯瞰する」と表現します。

二次元ではなく、三次元で把握するという言い方のほうがわかりやすいかもしれません。

目の前にあるカップを眺める場面を想像してみましょう。２人の人間が、同じ高さで反対側からカップを眺めています。一方は「取手は右側についている」と言い、しかし、もう一方は「いや、取手は左側についている」と主張します。１つの事実に対して2つの異なる認識が生じています。

この状態が続けば、意見の対立が明確になり、やがて大きなトラブルが起きかねません。どちらも「事実を」伝えているにもかかわらず、です。

問題が高さ＝視点にあることは明らかです。

両者が視点をもっと高くしてカップを見下ろすことができていれば、全体像が見えやすくなり、取手が必ずしも右側／左側についているわけではないという事実に気がつきます。さらに言えば、自分の反対側にいる相手にはどのように見えているかを想像するようになります。

このように想像できるということが、複数の価値を認識できている事実を示しています。

あなたに身につけてほしいのは、このように視点を高く持つという意識なのです。

大切なのは自分自身を俯瞰すること

さらに大切なのは、あなた自身を俯瞰するという意識そして習慣です。

自分という存在ほど正確に把握することが難しいものはありません。わかっているつもりでいて、実はよく見えていないのが自分という存在です。

だからこそ、常に三次元の視点で自らを俯瞰する必要があるわけです。

自分は自分をどのように認識しているのか、相手の目には自分がどのように映っているのか。思い浮かべる相手の数が増えれば、その分だけ意識すべき視点の数も増えます。実際のところ、あなたという人間はそうした多くの視点によって構成されているわけです。想像した視点の分だけあなた自身の自己理解が深まります。常に習慣づけていきましょう。

何より、物事が上手くいっているときこそ注意が必要です。状況は常に変化します。油断して足をすくわれることがないよう、さらに意識を強く持ちましょう。

自分を俯瞰することのメリットは、自己理解が深まるだけにとどまりません。

どのような人と長く付き合っていくべきなのか、逆に、こういう人とはできるだけ早めに距離を置くべきなのではないか。相手が何に共感し、自分との共創は本当に可能なのか。

自分だけでなく相手の変化にもアンテナを高く張ることで、進路を誤るリスクが軽減します。

俯瞰することのさらなるメリット

あなたが得るべきスキル、やるべき仕事など、事実を俯瞰する＝客観視することができていれば考える時間もまた大きく軽減されます。何より、あなた自身のストレス解消に繋がります。

ストレスの重要性を多くの人が忘れがちです。これまでの経験に照らして、何がプラスの価値をもたらし、何がマイナスの影響を与えるのか。常に意識していればムダな悩みが減ります。

経験的には、本来悩む必要のないところで悩んでいる人がとても多いと感じています。その理由は、１つの経験だけにフォーカスするあまり、自分を取り巻く今の文脈を俯瞰できずに、個々の経験の意味を上手く把握できなくなっている点にあると考えています。

一見するとネガティブな経験から、後にポジティブな意味を引き出すケースも少なくありません。にもかかわらず、低い視点によって視野狭窄へと陥り、「カップの取手」のような状況へと、自らを追い込んでしまっているのではないでしょうか。

ムダな悩みとは、考えていても答えが見えてこない悩みのことです。だからこそ、考えている間ずっとストレスを抱えることになるわけです。

答えが見えない理由は俯瞰できていない点にあります。

できるだけ視座を高く維持し、ストレスの軽減は言うまでもなく、「ムダな時間」を減らすことに注力していきましょう。そこで生まれた時間はあなたが本来考えるべきことに使うことができます。生産性高く、質の高い答えを見出していくことができます。

こうした観点からも、俯瞰する大切さがご理解いただけないのではないかと思います。

自らという人間を深く理解し、自らの関心を深く掘り下げていく際にも、ベースとなるのは常にあなたという「事実」です。俯瞰する姿勢は訓練によって身につきます。あるいは、日々意識的にくり返すことによってしか身につけることができません。

ぜひとも今から、あなたの視座をできるだけ高い場所に置いてください。

法則②／すべてのことから学ぶ姿勢を持つ

どんなことからも学べる

何度もお伝えしてきたとおり、私たちはどんな経験からも何かを学ぶことができます。楽しかった思い出や嬉しい出来事だけではなく、辛く悲しい、少なからず痛みを伴う経験からも何かを確実に学ぶことができます。

熱い鍋に触れて手を火傷した子どもは、次からできるだけ距離を取るようになります。美味しいものを食べ過ぎてお腹をこわした経験があれば、腹八分目を心がけるようになります。スキーやスノーボードは何度も転んだほうが早くスキルが身につくとも言います。最近は、子どもがケガをしないように、誰かをケガさせないように、公園などでのボール遊び等を禁止する自治体も増えてきていますが、痛みから何かを学ぶ経験をも奪っているのではないかと少し気になります。

少し話は逸れますが、過保護は成長の機会を奪うと私は考えています。

近年は「ブラック企業」という言葉が当たり前のように用いられています。そんなネガティブな評価を避けるために、企業は様々な努力を余儀なくされています。

少しでもよい人材を採用するため、内定を断られないようにするため、さらには離職防止のため、若者に「過度の負担」をかけず、教育の機会などもふんだんに設ける。

あるいは、「育つのではなく育てる」。

もちろん、その考え方自体にまったく異論はありません。ですが、言葉を選ばずに言うならば、結果として若者たちに「ゆるい」環境を用意してしまっているのではないか。

そんな懸念を拭うことができません。

学びは常に「与えられる」ものであって、自ら「学び取る」ものではない。

そのような環境には満足できない若者たちから「ホワイト過ぎる」という声が上がってくるのも、ある意味では当然のことではないかと思っています。

あるエピソードから学ぶ

大きな事故で、片手と両足を失った方のお話をある記事で目にしました。

電車の優先席に座っていた時、あるなか年の女性にこう声を掛けられたと言います。

「ここはあなたが座る席じゃない。違う席に移りなさい」

最初に言っておくと、この女性に悪意があった訳ではありません。精神的に不安定な部分があり、このような理不尽とも言える発言に至った訳でもありません。本当に純粋な善意から、その方には明らかに酷な言葉を投げ掛けることになってしまいました。

その理由は、この方が若かったからです。

そして、２本の義足が長ズボンですっかり隠れていたからです。

健常な若者が優先席に座ることをよしと思わないのは、ある意味では自然な感情です。

空いてガラガラの状態であるならばまだしも（もっとも、その状態であえて優先席を選ぶのも、個人的にはいかがなものかと思います）、立っている人も散見される状況のなかであれば、少なからず違和感を覚えたことにも納得がいきます。

その方は、身体障害者1種1級の手帳を示し、丁寧に状況を説明しました。言葉をかけた女性の方は、電車内に響き渡るほどの大きな声で謝罪したとのことです。

私が学び取ったのは、その方が怒りをぶつけなかった理由です。もっと正確に言えば、怒りを我慢するなどといったレベルではなく、この経験からポジティブな意味をしっかりと引き出していた点です。

声を出す人がいるということは、それによって救われる人がいるということ。

つまり、誰かが声を出してくれるということに、心から感謝しなければならないということ。

我が身を振り返ってみれば、混み合った車内で優先席に座る健常者に、「他の席に移りなさい」と声に出すためには相当の勇気を必要とします。見て見ぬふりをせず、勇気を行動に変えられる人の存在を、その方は学び取ったのではないかと勝手に拝察しています。これほどの酷な経験からも、私たちは何かを学ぶことができる。改めて、そのことを教えていただきました。

その方の感謝を、私は本当に素晴らしいと思いました。

今の自分に足りないものを、しっかりと学ばせていただきました。

このエピソードから、あなたはどんなことを学び取ったでしょうか。

これもくり返しにはなりますが、経験から学び取るためには俯瞰する力が必要になってきます。

どんな物事にも複数の価値があり、そこにはポジティブ／ネガティブの両面が含まれています。

俯瞰する力を如何なく発揮することで、ポジティブな価値の存在にも気がつきます。

その意味で、その方の俯瞰する力の高さにも、私は畏敬の念を感じずにいられません。

学びの根源にあるのは「こだわり」

あなたは「自ら学び取る」人であると期待しています。

だからこそ、本書を手に取っていただき、ここまでお読みいただだいているのだと思っています。

そこで1つ質問なのですが、どうしてあなたは自ら学び取ることができるのでしょうか。

もちろん、人によって答えは異なるかもしれません。

しかし、その内容を抽象化していくと、ある共通の要素が見えてくるのではないかと思います。

その共通の要素とは「こだわり」です。どこまで自分のやりたいことにこだわれるのか。どこまで自分の夢に忠実になれるのか。

言うまでもなく、こだわりの強い人の方が圧倒的に多くを学ぶことができます。

自分の夢に忠実である人ほど、自分の学びに対しても忠実＝貪欲であるからです。どんなことも学びの対象に変えられるのは、そこに貪欲な姿勢があるからなのです。

よく、才能と努力のどちらが大切なのか、という議論を持ち出す人がいます。

ほとんどの場合、自分が努力をしないことの言い訳として、持ち出しているようにも思われます。

とはいえ、そこには一片の真実が含まれていることも事実です。

なぜならば、貪欲になれることも1つの才能だと言えるからです。

ただし、この才能は後天的に鍛えることができます。


自分の関心を深く掘り下げ、実現したい将来の夢を明確化すること。解像度の高さがそのまま、想いの強さに比例しています。想いの強さは、その人の心に簡単には折れない強い芯を生みます。

心に強い芯があれば、外的要因に左右されるリスクが減ります。


不平不満を言わない。常に自責思考で考える。

そして、理不尽な経験さえも自分の力に変えることができる。

それができるのは、自ら学び取ることができるからです。

俯瞰する＝多面的・多角的に物事を捉えることによって、1つの経験から多くの意味を引き出し、それを自分自身の力に変えていくことができるからです。すべてが学びになると知っている人が、不平不満を言わないのも当然です。すべては常に自分事だからです。


このような姿勢は、思慮深さや誠実さにも繋がると私は考えています。

共感をベースに同じ価値の実現を目指すのであれば、思慮深く誠実なメンバーを望む人の方が、圧倒的に多いであろうことは言うまでもありません。

Mission
Sales
Marketing
PS
YOSUKE ISHIZUKA

法則③／納得感を持って成果が出るところにフォーカスする

仕事とは社会貢献である

くり返しお伝えしてきたことですが、仕事とは社会に対する価値の提供です。

あなた個人でやったことでも、チームとしてプロジェクトを組んだ結果であっても、その結果は必ずどこかで誰かも役に立っています。裏を返せば、誰かの役に立つものであるからこそ、そこに対価というものが発生するわけです。

社会に対して提供できる価値が大きければ大きいほど、社会はどんどんよくなっていきます。

私たち1人ひとりの力は小さく、社会を短期間に大きく変革することは難しいかもしれません。それでも、善い目的のために仕事をし続けていれば、社会は確実によくなっていきます。それが、仕事とは社会貢献であると私が考える理由です。

その意味で、違法なものでない限り、どんな仕事も基本的には尊いものです。

この点を改めて持ち出したのは、「やりたいこと」と「できること」の接点について、さらに深く考えてみたいからです。

あなたの「やりたいこと」が「できる」こととぴったり重なり合い、社会に貢献できるとしたら、それは本当に素敵なことだと思います。

しかし、物事がそう簡単に進まないのは、ここまで何度もお伝えしてきたとおりです。

２つの要素が一致しないときにあなたはどのような道を選択するのか。その選択の方法によって、提供する価値には大きな違いが生まれることになります。

だからこそ、ここでもう少しこの問題について考えてみたいわけです。

大切なのは「納得感」

本書は基本的に、「やりたいこと」よりも「できること」を優先すべきという立場です。

なぜならば、これもくり返しお伝えしてきたことですが、「やりたい」というだけですぐに結果が出る訳ではなく、結果が出なければ他者に対して十分な価値を提供できないからです。

冒頭で再確認したように、仕事とは常に社会貢献です。

貢献できる何物もなければ、そこに対価の生まれる余地はなく、仕事は成立しません。

もう少し詳しく説明するならば、「できること」を優先するということとは、「やりたいこと」との間に接点を見つけるということ。これをさらにブレイクダウンすると、あなたの「できること」に複数の価値を見出し、そのどれかに「やりたいこと」を重ねていくというプロセスになります。

余談にはなりますが、ここでも俯瞰する力が重要になってきます。

一見すると、できるが故にあまり魅力のない「できること」のなかにも、必ず複数の意味があり、そのどれかは、きっとあなたにとってポジティブな意味を持っているはずです。

そのような意味を見出すことができれば、そこに新たな関心が生まれます。

そうなれば今度は、その関心を徹底的に掘り下げていきます。「できること」の違った姿が見え、新たな魅力の解像度が高まることによってあなたの「できること」は確実に「やりたいこと」へと近づいていく。この好循環を生み出すことが大切なのです。

そのためのキーワードの１つが納得感です。

あなたが自分の「できること」に対して、そのなかのもっともポジティブな意味に対して、心から納得感を持つことができるかどうか。

まったく納得感がないと感じるのであれば、それはあなたにとっての接点ではありません。その道を進んでいくのはやめましょう。

十分ではないが納得できない訳ではない場合には、さらにリサーチを重ねて、接点の周辺で活躍なかの方々からも多くの教えを請いましょう。できるだけ多くの情報を収集し、さらに解像度を上げて、改めて自分自身に問いかけてみましょう。

十分な納得感が得られる場合には、迷わずＧＯです。

理屈ばかりで考えてしまうと、大切な納得感という要素を忘れてしまう場合があります。

もちろん、とことんまで理屈で考え抜くことが大切です。ギリギリまで思考を究めるからこそ、その先に光が見えてくるわけです。

とはいえ、私たちは感情の生き物でもあります。

感情をまるで無視して考えることは生き物としての本性に反しており、その反動はどこかで必ず自分に返ってきます。そのほとんどが負の影響をもたらします。

理屈を駆使するからこそ、感情にも目を向けることができる。

バランスの大切さというのは、このような場面にも同様に当てはまるのだと言えます。

成果の出るところにフォーカスする

「やりたいこと」と「できること」との接点に十分な納得感を持つ。

そんな心の準備が整ったならば、その後は全力で自分を高める、仕事の成果を出すなどといった次の努力に全身全霊を傾けることになります。

心理学では、人はポジティブな気分のときほどアウトプットの質も高まると言います。

まさに、納得感のレベルが高ければ高いほど、次の努力にも熱が入り、だからこそ、結果の質が高くなっていくのだと考えて差し支えありません。

ここで改めて意識すべきなのが「成果」です。

あなたの納得感を大切にしたからこそ、その結果としての成果にも目を向けていきます。

先程、バランスが大切だという話をしました。

当然のことながら、納得感のレベルと成果のレベルの間にも十分なバランスが必要です。ここは意外と忘れ去られがちな点なので、あえて強調した次第です。

では、成果が出ているかどうかはどのように判断すればよいのか。

ここでもやはり、俯瞰する力が必要になってきます。

スキルを磨くための努力や仕事の成果物など、自分のアウトプットに含まれている複数の価値をしっかりと公平に引き出すこと。ポジティブな価値だけではなく、ネガティブな価値についても、正面からしっかりと向き合う勇気が問われる場面です。

できているところは謙虚さを忘れずに評価し、できていないところは真摯に次の努力を重ねる。自分を思慮深く、誠実に把握できる姿勢は、共創にとっても大きな意味を持ちます。

その姿勢を活かして、ぜひ他の仲間の評価にも耳を傾けてください。

あなたと深く共感で結びついた仲間であれば、あなたのよい点も課題も熟知しています。無論、アウトプットに対しても正確に評価してくれることでしょう。他者からのアドバイス、何よりも、あなたが大切にする仲間からのアドバイスは、かけがえのない財産になるはずです。

お互いがお互いに対してそのような貢献ができれば、コミュニティーとしてのアウトプットの質が格段に高まっていきます。こうした貢献の意識は非常に大切であり、これも先にお伝えしたとおり、あなたがコミュニティーを選択する際の重要な指針にもなり得ます。

メンバー全員が納得感を持って、それぞれに成果の出る場所にフォーカスしている。

そのようなコミュニティーが最強であることは、あえて強調するまでもありません。

あなたもぜひ、その一員になることを目指して取り組んでください。

法則④／「今」という環境で120％努力する

人生とは「今」の連続である

以前、この言葉を聞いてささやかな感動を覚えました。

Today is the first day of the rest of your life.（今日という日は残りの人生の最初の日）

興味があったのでさらに調べてみると、1960年代のアメリカでとても流行ったフレーズで、映画『アメリカン・ビューティー』の台詞にも引用されているとのこと。

昨日も今日も明日も、漠然と同じ1日が流れていると思うのではなく、同じ1日は2度とない、だからこの今日の重みを感じ、しっかりと生き抜くことが大切なのだと理解しています。人生にはいくら後悔しても取り戻せない瞬間があります。後悔を完全になくすことまでは無理だとしても、自分に恥じない生き方を心がけるようになりました。

私もそんな子どもの1人でしたが、「いつになったら夏休みの宿題を始めるの」と親に叱られると必ず「明日から」と答える。同じ理屈で考えれば、明日は常に残りの人生の2日に位置しています。そんな事実を理解することもないまま、永遠の「明日から」を言い訳としてくり返すのが、私たち人間の性と言ってよいかもしれません。

明日が必ず訪れるという保証など、本当はどこにも存在しないのですが。

「今」という時間をどう生きるのか

だからこそ、かけがえのない今日を、「今」という時間をどう生きるのか。

それが私たちにとっての重要な問いかけになるわけです。

1日の努力に10分の差がつけば、1年で2・5日の差が生まれます。これは単純計算ですので、睡眠時間などを考慮すれば、その差はもっと大きくなることでしょう。かつて同じようなところで学んでいた仲間が、気づけばずいぶんと先に進んでいる。わずかな努力の差も積み重なっていけば取り戻すのが簡単ではない。そうなる前に、あなたが先へと進んでいかなければなりません。

結論から先に行ってしまうと、今、努力できない人は未来においても努力することができません。絶対ではありませんが、経験的には間違いないと思っています。

そうした人たちは必ず「明日から」を口にします。

仮に違う言葉を口にするとしても、どれも言い訳である点では共通しています。

「自分のやりたいこととはちょっと違う気がする」

「もうちょっとリサーチしてみないと答えが見つからない」

「やっぱり、自分のなかで納得できないことには集中して資源を投下できない」

「会社のなかで役割が変わったばかりで、今は目の前の仕事が忙しい」

おそらく、どれもがそのとおりなのだと思います。これらの発言がすべて、嘘であるとはまったく思っていません。しかし、すべてが言い訳です。

なぜならば、多少の違和感を抱えたままでも前進はできるからです。

走りながら考える＝リサーチするのは、成功者が当たり前のようにやっていることだからです。

納得するためには勇気と決断が必要であり、それがなければ永遠にできないからです。

そして、本当に必要なことならば、どんなに忙しくても実行に移すはずだからです。

あなたはどうでしょうか。このような言い訳の海で溺れる毎日を過ごしてはいないでしょうか。

仮にそうであるとするならば、今この瞬間に甘えを断ち切ってください。

そして、「今」という大切な時間を生き抜く覚悟を固めてください。

あなたが本当に成功したいのならば、成功するための生き方にシフトしてください。

しかも、120％努力する

ただ単に、1日を大切にするだけでは十分ではありません。

先程、1日10分の差が大きな違いになっていくとお伝えしました。成功するためには、相手に差をつけられるなどもっての外であり、あなた自身が先頭を切ってばく進しなければなりません。

そのために必要なのが、120％の努力です。

しかも、たまに頑張るのではなく、毎日を出力120％で生きなければなりません。

忘れた頃に、言い訳のようにたくさん走って「健康を意識している」という人を見かけますが、これは明らかに努力には該当しません。「毎日」が120％の条件です。

ところで、世のなかの成功者はこうした努力を滅多に人前で口にしません。

より正確に言えば、出力120%が当たり前だと思っているので、努力という認識がありません。

あなたが目指すべきはこの境地です。日々の努力を習慣化することによって、あなたの120%を当たり前に変えていくことができます。いつか努力をルーティンと呼べる日が来るように、今から1日をしっかりと積み重ねていきましょう。

学びの深さは想いの深さに比例している言いました。

成功できるかどうかもまた、成功に対する想いの深さによって決まります。

あなたが成功できなかったとしたら、それは運が悪かったのでも周りが理解しなかったのでも、ましてや偶然の産物などでもなく、ただあなたの想いが弱かったからです。必要な学びや努力に、全身全霊を傾けるだけのこだわりが足りなかったからです。

ここは本当に、圧倒的に自責思考が支配している領域なのです。

そんな毎日が苦しいようでしたら、他の道を探すことをおすすめします。

あなた自身の人生は幸せではなくなりますし、あなたが幸せでなければ、あなた以外の誰かを、心から幸せにすることなど絶対にできないからです。

改めて、あなたが出力120%の毎日を送れる人であることを願っています。

本書でお伝えしたスキルを参考に、あなたという人間を深掘りするところから始め、成功者への最初の一歩を踏み出していただければ、これに勝る喜びはありません。

【本章のまとめ】

☑ 観察とは事実を把握すること。事実には複数の価値があり、そのすべて把握するために、俯瞰という高さが必要になる。自分を常に俯瞰し、理解を深めることが重要である。

☑ 人はどんなことからも学べる。学ぶ側の心構えが問題でありその心構えはこだわりの強さにかかっている。強いこだわりを身につけるうえでも俯瞰する力が重要になってくる。

☑「やりたいこと」と「できること」を接着剤のように繋げるのは自分自身の納得感である。
納得感を持って成果の出るところにフォーカスするからこそ、質の高いアウトプットが出せる。

☑ 成功者は、「今」を出力１２０％で生きている。それを努力などと思うことなく、常にブラッシュアップし続けている。最終的にはこの境地を目指していかなければならない。

おわりに

改めまして、最後までお読みいただき心から感謝いたします。

本書であなたにお伝えしたかったのは共感の大切さ、それをベースにスキルを高めていくことで自分の力を最大限に発揮することができる。多くの人の幸せに貢献し、そして自らも幸せな人生を送れるようになる。そのために必要なことのすべてです。

すべてとはいっても、必要なのは4つの成功法則を忠実に実践することです。

自分自身を深掘りし、多くの可能性のなかから自分だけの正解を見つけ出してください。

先が見えない時代のなかで、頼りになるのは自分と共感できる仲間です。共感をベースとして、多くの仲間が集まり、大きな幸せを生み出していく。

その一員になれることを、心から楽しんでいただきたいと思っています。

常にお伝えしていることですが、どんなに大変なことに思えても、自分には「強み」などないと思っていたとしても、あなたには必ず、あなただけの大切な価値があります。

誰かの幸せに貢献したい。

そんな想いをしっかりと持ってさえいれば、そのための方法は必ず見えてきます。

大丈夫です。あなたにも必ずできます。だから安心して挑戦してください。

最後に、ここまでお世話になったすべての方々に御礼を申し上げます。

本書の執筆にご協力をくださいました細谷知司様。
本書を世に送り出していただきました、セルバ出版代表取締役社長 森忠順様。
今まで育ててくれた両親、家族。
これまで出会ってきたすべての方々。
一緒に志事をする仲間、そしてチームメンバーの方々。
私の人生に関わっていただいたお1人おひとりに多大なる感謝を申し上げます。
本当にありがとうございました。

石塚洋輔

著者略歴

石塚　洋輔（いしづか　ようすけ）

経営コンサルタント　株式会社 With You 代表取締役社長
1983 年埼玉県生まれ。
小学 4 年生で地元のサッカークラブへ入団。プロ選手を夢見ていたが、ケガにより断念。その後はコーチや治療系など人の役に立つ道を志す。
2003 年、大学入学後は出身サッカークラブのコーチをする傍ら、指導者を目指してサッカー部に所属。大学 4 年時には強豪フットサルチームに入団。23 歳以下の埼玉県選抜チームに選出され、フットサル全国大会で優勝。
2007 年、大学卒業後 IT コンサルティング会社に入社。
1 年目は個人営業部門、2 年目は法人営業部門、5 年目には役職者部門で売上日本一を獲得し、退職。
2012 年、サッカーの専任コーチへ転身。サッカークラブ運営における多くの課題に気づき、将来的にクラブチームを運営することを決意。

2014 年、コンサルティング・介護福祉事業運営会社を立ち上げる。

介護福祉事業においては訪問医療マッサージのフランチャイズ店として 2015 年度から連続して日本一を獲得。

コンサルティング事業ではより社会問題にアプローチできるよう SDGs に即した個人事業主、中小企業のマーケティング支援を行なっている。

さらにより広く社会に貢献できるよう、産官学連携を目指し、講演活動、執筆活動に当たる。

入社3年目までに身につける働き方の基本
共感をベースにスキルを高める4つの成功法則

2023 年 12 月 27 日　初版発行

著　者　石塚　洋輔　© Yosuke Ishizuka
発行人　森　　忠順
発行所　株式会社 セルバ出版
〒 113-0034
東京都文京区湯島 1 丁目 12 番 6 号 高関ビル 5 B
☎ 03（5812）1178　FAX 03（5812）1188
https://seluba.co.jp/
発　売　株式会社 三省堂書店／創英社
〒 101-0051
東京都千代田区神田神保町 1 丁目 1 番地
☎ 03（3291）2295　FAX 03（3292）7687

印刷・製本　株式会社 丸井工文社

Printed in JAPAN
ISBN978-4-86367-866-8